中小企業が生き残るための

外国人雇用戦略

すぐに辞めない・逃げない人材づくり徹底ガイド

日本ミャンマー支援機構株式会社
深山沙衣子

合同フォレスト

はじめに

ミャンマー人との結婚がすべてのはじまり

世界で初めて有人動力飛行に成功したライト兄弟の飛行機「ライト・フライヤー号」は、木製の骨組みと布張りだったそうです。

1903年に、人が自由に空を飛ぶという夢に向かい、それを実現させたライト兄弟。腹ばいの状態で操縦した飛行機に乗って、心地よさを感じたのでしょうか、それとも墜落の恐怖があったのでしょうか？

人類として最初に動力飛行を成し遂げた瞬間、恐怖よりも「人間に不可能はない」という達成感と爽快感が勝っていたのでは、と筆者は想像します。

17年連続で人口減少が続いている地方の海沿いの町で、筆者は人材支援やコンサルティング関連の会社を経営しています。筆者自身が中小企業経営者ということもあり、また当社が日々お付き合いをさせてもらっている中小企業の経営者の方々も、ほとんどが地方で会社を運営している関係で、地方が抱える課題をいやが上にも考えざるを得ない日々を送っています。大都市圏を離れた土地で活動する中小企業は、まるで現代を飛ぶ「ライト・フライヤー号」のように思えてしまうことがあります。

20年前に筆者がある大手商社の関連会社で働いていたとき、親会社の社員は東京・丸の内の巨大なビルの中で肩で風を切って仕事をしていました。彼らは、子会社で働く筆者とは異なり、有給は取り放題、産休や育休も限度日数まで取得でき、どんな業者に対しても上から目線で対応していました。そして、下請け企業で働く数千人の力によって大手商社の仕事が成り立っているにもかかわらず、日本経済新聞で事業の成功が紹介されるときは、「○○商事△△事業部の□□氏による」という名前のみ。そのプロジェクトで懸命に働き、成功を支えてきた下請け企業の人々についてはまったく触れられていません。

もちろん、大手は大手ならではの存在価値や役割がありますが、筆者は「大手企業の社員は、まるでアイドル並みだな」と思ったものです。大企業は官製ジャンボジェット機に乗っているようなものです。

それから9年後の2012年に筆者は起業しましたが、「会社」は居住しているマンションの6畳間で、所有する設備はファクス複合機とパソコン2台のみ。社員は夫と筆者だけ。資本金は2円（夫は当時外国からの難民で、日本での所持金は非常に少なかった）。ライト兄弟の飛行機どころか、ただのポンコツ自転車のような会社だったのです。

筆者は第一子を出産して4カ月後に会社登記を行いました。その後2人目、3人目を産んだとき、仕事量は減らしましたが、まとまった産休や育休は取れませんでした。役所は零細企業に対して、存在すら認知しない対応です。顧客は足元を見て「小さな会社でがっかりした」などと言います。肩で風を切るなどとんでもない。これが中小零細企業の経営者の実態です。

それでも、企業経営は魅力ややりがいにあふれています。

「自分の仕事を、自分の考えるとおりに思いっきりやってみたい」という願いを叶えることができます。自分のアイディアを形にすることができるのです。

なぜ人はサラリーマンを辞め、独立したいと考えるのでしょうか？

それは、「人間らしさ」を感じることができるからではないでしょうか？　人は誰しも、自分らしく生きたいと思っています。誰しも、人生の操縦桿を自分で握ってみたいものです。一度人生の操縦桿を握る爽快感を知ると、やめられません（その昔のライト兄弟もこの感覚を体験したはずです）。企業経営においては、自分の経験で、自分の努力で、自分の裁量で、人に貢献し、人を雇い、その結果、社会をより良くすることができるのです。

ですから、この可能性を知った筆者は、起業した方に対しても、親や祖父母が起業した中小企業を守ろうとしている2代目、3代目の経営者に対しても、全力で応援したいと思っています。企業経営というチャレンジスピリットこそが、日本の自由と発展、そして市民の暮らしを支えるのです。

中小企業には資金調達や営業力の強化などさまざまな課題がありますが、筆者が仕事として携わっているのは「人手不足の解消」です。人手不足で経営が立ち行かなくなるのでは……、と不安な状態にある中小企業を人材斡旋の面からできる限り支援し、業績を上げていく――。これが私たちのミッションです。

夫がミャンマー人であること、また夫が過去30年近くにわたり、ボランティアで外国人の仕事探しをサポートしてきた経験から、筆者は夫と共に外国人への職業紹介を行うことになりました。

仕事探しで大切なのは、仕事をする人が求めていることが叶う職場であるかどうかという点です。私たちが紹介する発展途上国から来る人材は、そのほとんどが家族や親を経済的に救うために来日します。彼らの願いである「稼ぐ」ことが実現するよう、会社と人材との間で調整を続けること、そして外国人が日本の生活になじむように支援することが重要です。彼ら、彼女らが企業に入社してから自立するまで、長期にわたって面倒を見ます。

ご存じのとおり、地方に限らず、日本の人口減少は歯止めがかかりません。急速な少子高齢化もまったなしです。この状況においては、働くために来日する外国人はもはや単なる出稼ぎ労働者ではありません。日本の未来を共に築くために欠かせない存在です。彼らの助けなくして、日本が今後、今の豊かさを維持して人々が生活することは難しいと思います。従来の価値観にとらわれることなく、日本人も外国人も共にＷＩＮ-ＷＩＮの関係にならなければ、よりよい未来がやってこないことは明らかです。

企業には業績を上げていただき、外国人は日本で幸せな状態で長く働けるようにするのが、筆者が常日頃目指していることです。日々奮闘している筆者や、企業の経営者や外国人従業員と接する方たちの経験をベースに、外国人を雇う際のノウハウと知恵、実例を本書でご紹介します。外国人の雇用制度の詳細や、面接の方法、離職防止、外国人を雇用して成功した事例などを、具体的にお伝えします。

本書を手に取った読者によっては、外国人を雇用する制度についてすでにご存じの方もいらっしゃるでしょう。その場合は、ご自分が気になったタイトルの章から読み進めてください。

中小企業の経営は大変ですが、ものすごいやりがいと、感動を得ることができます。自分が社会を良くしていく手ごたえが、自分の手で感じられるのです。

日本を支える421万の企業のうち99・7％は中小企業です。あなたの会社が日本で発展し、外国人を雇用することで世界の貧困を解消する役割を果たす国際貢献企業となり、末長く続いていくこと――。本書がそのための一助となれば幸いです。

読者の皆さんの会社の発展とすべての社員の幸福を切にお祈り申し上げます。

深山沙衣子

もくじ

第2章　外国人を雇用するときによくある誤解

第3章　人手不足解消の鍵を握る「技能実習制度」をまるっと理解

第4章 【入国・入社前】ミスマッチを防ぐ面接術&採用後に必要な手続き

第5章 【入国・入社後】スタートが肝心！ 外国人材を迎えるための準備と施策

★本書で紹介した各種の制度や資格は本稿執筆時点の告示内容等に基づいています。
最新の情報につきましては、関係省庁のホームページなどでご確認ください。

第１章

「外国人の労働力」が企業と日本経済復活の救世主に

あなたの会社はいま、十分な人材と労働力を確保していますか？

筆者は近年、「若い人が入社してくれない」「入社してもなかなか定着してくれない」「そもそも入社を希望する人が少ない」といった悩みを持つ中小企業の経営者の方々からのご相談をいただく機会が増えています。

「このままではいけないということは分かっている。でも、何をどうしたらいいかが分からない」。そのような経営者の方に、人材確保の一助として考えていただきたいのが外国人の雇用です。外国人たちの労働力は、人手不足に悩む中小企業の支えとなってくれるだけでなく、将来は企業をさらなる成長に導いてくれる存在になるでしょう。

1 いま、日本では外国人を雇用する企業が増えている

皆さんは最近、昔に比べて街中で外国人を見かける機会が多くなったと感じませんか？

その印象は実際に正しいのです。法務省の発表によると、２０２２年12月末時点の在留外国人数は３０７万５２１３人で、その前年末（２７６万６３５人）に比べて約31万人も

増加しています。新型コロナウイルス感染症の感染拡大の影響によって2020年以降は一時的に減少しましたが、コロナ禍が沈静化に向かうにつれてその数も戻りはじめ、日本で暮らす外国人の数は年々増加しているという状況です。

彼らが日本で暮らす理由や目的はさまざまですが、近年では、日本で就労できる在留資格を持つ外国人の数が増えてきています。

筆者は、ミャンマー関連のコンサルティングを行う「日本ミャンマー支援機構株式会社」という会社をミャンマー人の夫と立ち上げて11年になります。11年前（2012年）に比べると、就労できる在留資格を持つ東南アジア人は最近とても増えました。

2012年から2017年くらいまでは、ミャンマー人からの当社への問い合わせは、長年日本に滞在している難民が生活支援を求めて連絡してくるというケースが多かったのです。それが2017年ごろから、「パートではなく、正社員として就職したい」「技能実習生として来日した。もうすぐ在留期限に達するが、この先も長く日本で働くにはどうしたらいいか」といった、就労キャリアを日本で築きたいという明確な目標を持った20代〜40代の外国からの人材（以下、外国人材）がどんどん増えてきました。

こうした人材のうち、正社員として就職できる在留資格を持って実際に正社員となり、

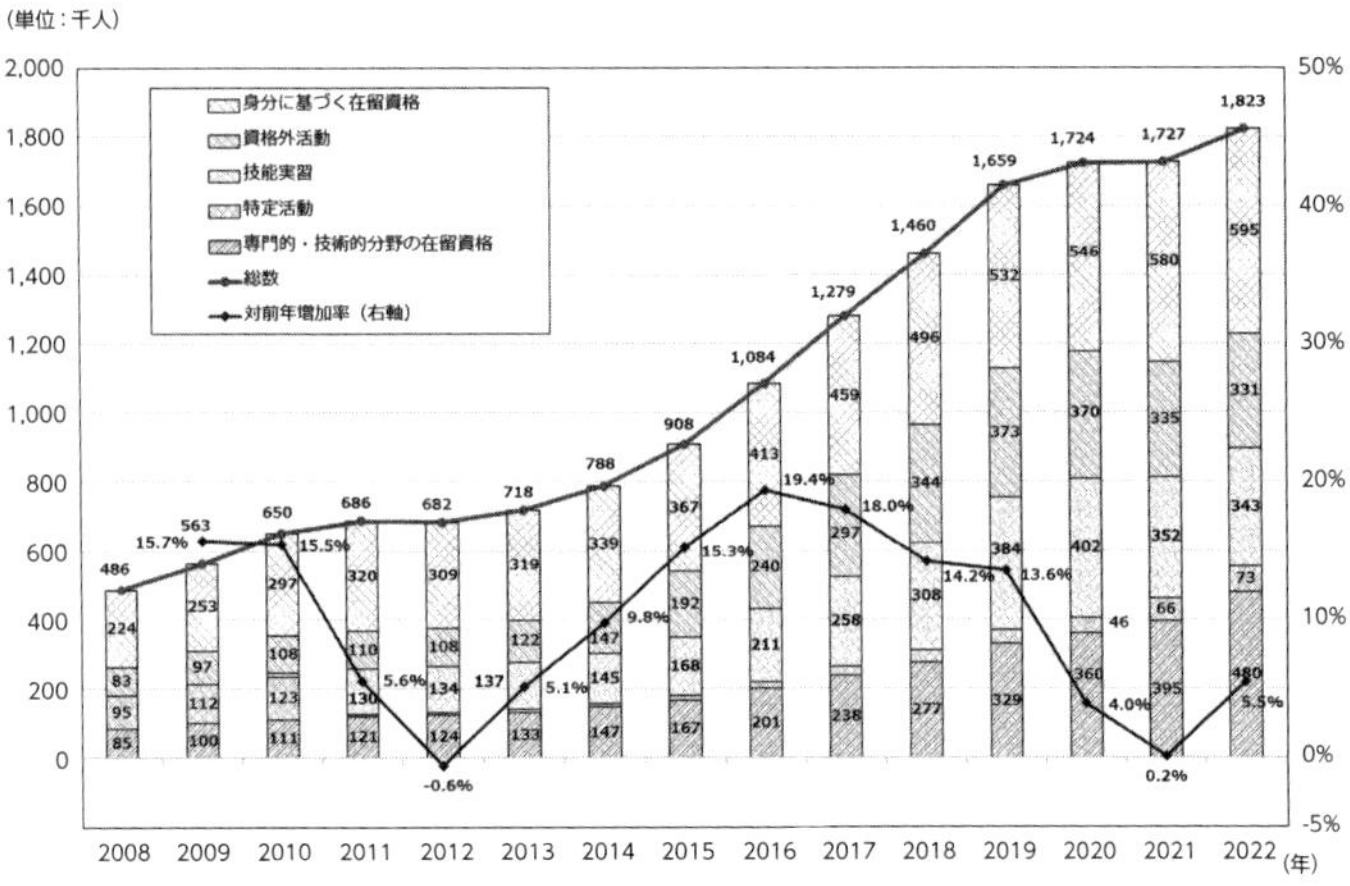

図１-1　在留資格別外国人就労者数の推移
出典：厚生労働省「外国人雇用状況」の届出状況まとめ（令和４年10月末時点）

その方々の働きによって、企業の売上が数年のうちに1億、5億、10億円と伸び、利益が増えていくのを見てきました。人手不足の解消によって経営が安定し、新たに受注を増やすことができた企業も複数存在しています。

厚生労働省による「外国人雇用状況」の届出状況（２０２２年10月末時点）によると、日本にはいま約１８２万人もの外国人就労者がいて、その前年に比べて9万人以上増えています（図1-1）。

それはつまり、外国人を雇用する企業が増えているということでもあります。同じく厚生労働省の発表によると、外国人を雇用する事業所は２０２２年の時点で全国で

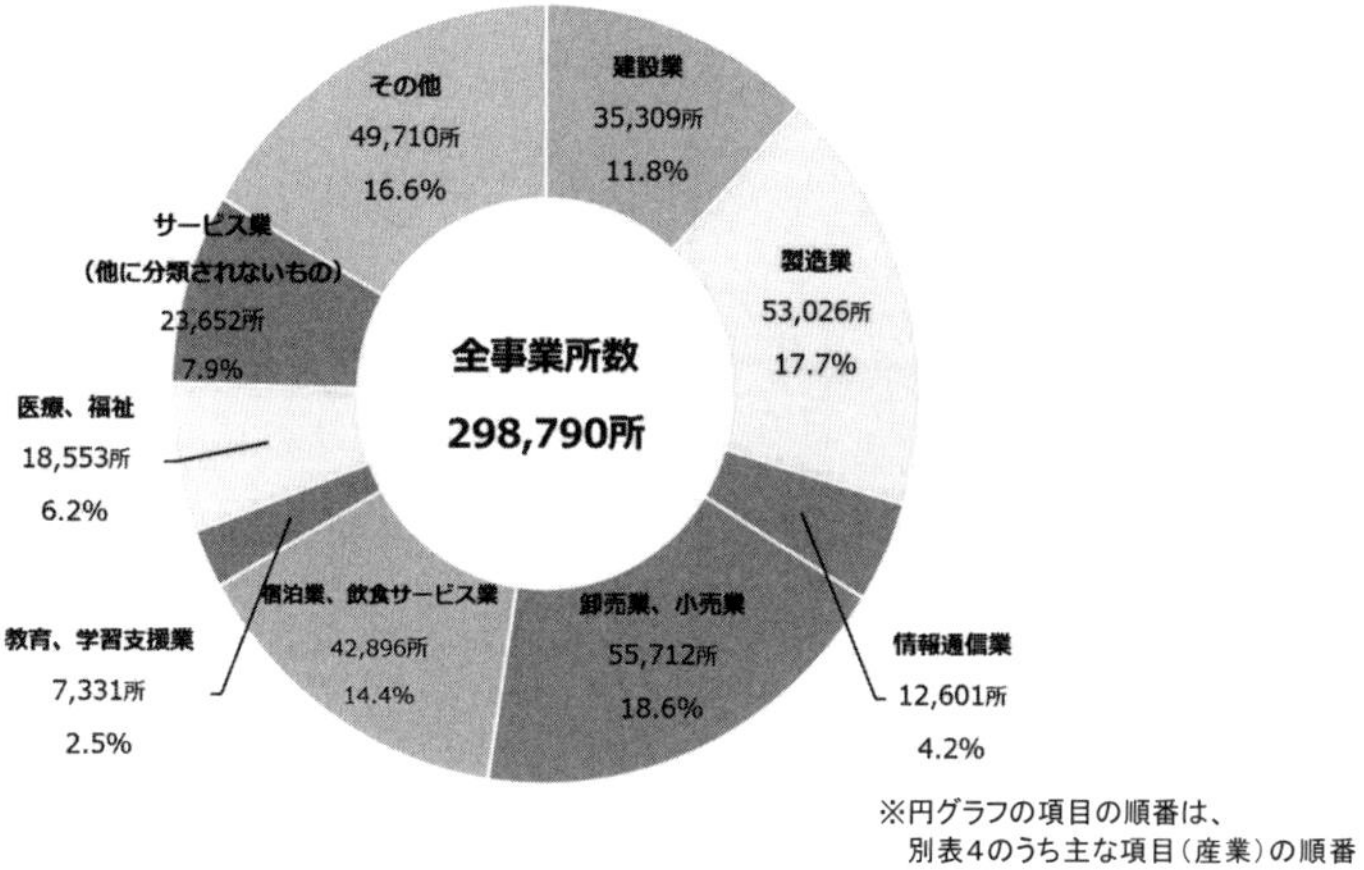

図 1-2　産業別外国人雇用事業所の割合
出典：厚生労働省「外国人雇用状況」の届出状況まとめ（令和 4 年 10 月末時点）

約30万事業所もあり、その前年と比べて1万以上増加しているとのことです。外国人就労者と外国人を雇用する事務所数は増え続け、毎年記録を更新しており、年間推移から見て、外国人雇用は今後より一層増加していくことが予想されます。

日本では特に、農業や漁業といった第一次産業や、製造業、建設業などの第二次産業の現場において、外国人の労働力が欠かせないものになりつつあります。そして最近では、中国や韓国、ベトナム、フィリピン、ブラジル、ペルー、ネパール、ミャンマー、スリランカなど、さまざまな国から来日する外国人も増え、その就労先はサービス業などの第三次産業にも広がっていま

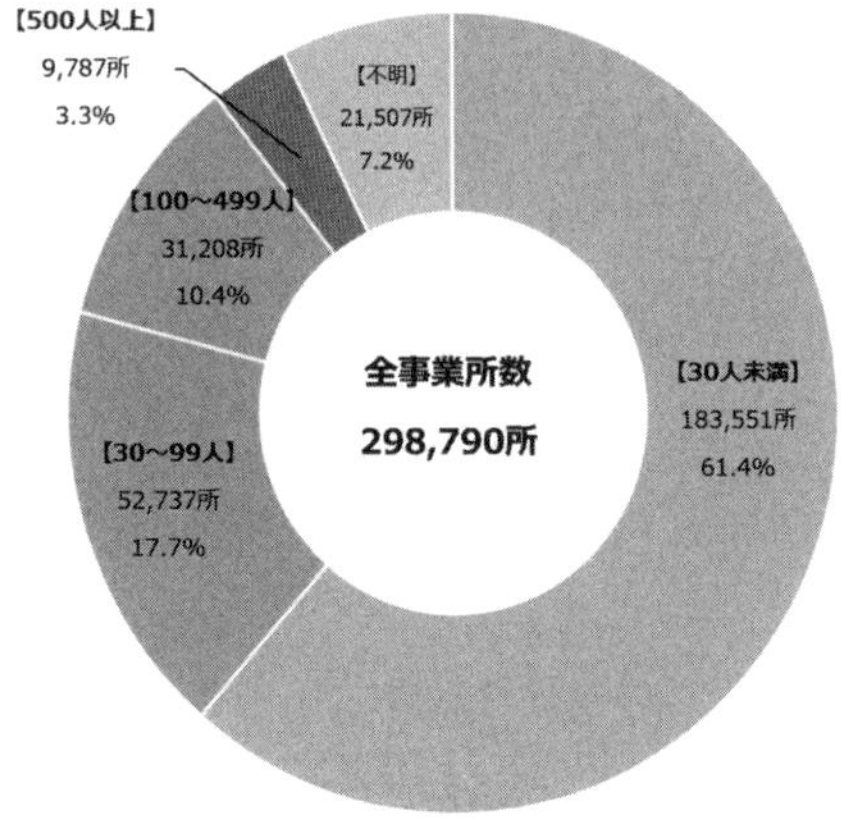

図 1-3　事業所規模別外国人雇用事業所の割合
出典：厚生労働省「外国人雇用状況」の届出状況まとめ（令和 4 年 10 月末時点）

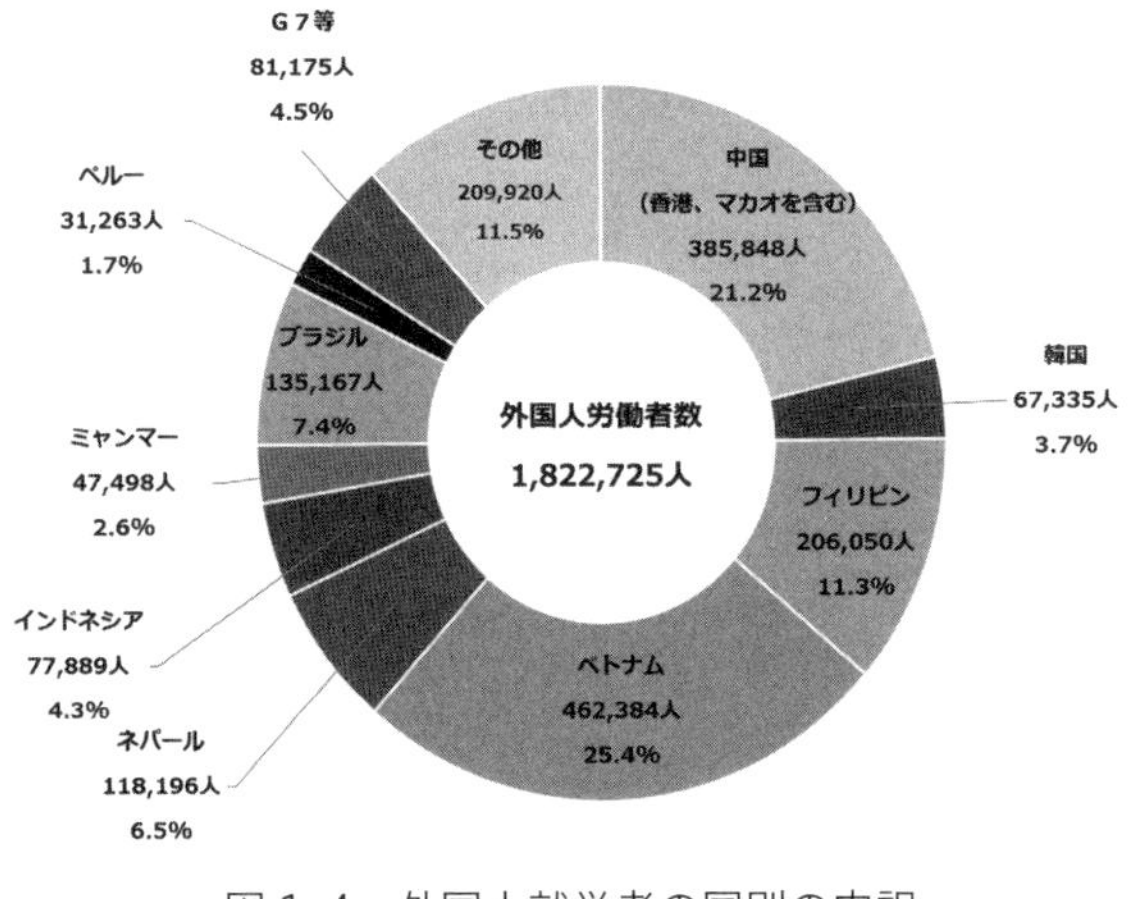

図 1-4　外国人就労者の国別の内訳
出典：厚生労働省「外国人雇用状況」の届出状況まとめ（令和 4 年 10 月末時点）

す。今後もあらゆる産業分野で外国人就労者たちが活躍していくことになるでしょう（図1-2、1-3、1-4）。

現在の日本において、外国人雇用はもはや珍しいことではありません。むしろ、新規人材の獲得が難しく、人手不足のループを抜け出せない中小企業にとって、外国人の労働力は必要不可欠なものだといえるでしょう。

2 人手不足は多くの日本企業が抱える大問題

「地方企業だからこれからも人材確保は見込めない」「うちはこういう職種だから人手不足はしようがない」とお考えの経営者の方、諦めないでください。現在の日本において、人手不足で悩んでいるのは、地方の企業や特殊な職種の企業だけではありません。多くの日本企業が人手不足で悩んでいるのです。ここで、少し詳しくその状況を見ていきましょう。

2社に1社は人手不足に陥っている！

まず、経営者の方に知っていただきたいのが日本の現状です。

帝国データバンクが全国の企業2万6752社を対象に行った「人手不足に対する企業の動向調査（2022年10月）」によると、人手不足を感じている企業のうち、正社員の不足が全体の51・1％、非正規社員の不足が同31・0％となり、正社員においては2社に1社は人手不足に陥っているのが現状です。

特に中小企業における人手不足は、より深刻な問題となっています。

東京商工会議所が全国の中小企業6007社を対象に行った「人手不足の状況および新卒採用・インターンシップの実施状況に関する調査（2022年度）」においても、人手不足を感じている企業の割合は全体の64・9％と過半数を超えています。その中でも、建設業や運輸業、介護・看護業のほか、コロナ禍の影響を大きく受けた宿泊・飲食業では、7割を超える企業が「人手不足」と回答しています。

本書をお読みの経営者の方をはじめ、多くの中小企業が、人手不足解消のために正社員の採用、あるいはパートタイマーなどの有期雇用労働者の採用に注力していることでしょう。それでもなかなか人材を確保できないのが、日本の現状なのです。

「日本人」にこだわっていると人手不足が解消できない時代

経営者の皆さん、ここでいま一度振り返ってみてください。いますぐにでも人手不足を解消したいはずなのに、募集条件を「日本人」に限定していませんか？

そもそも日本は少子高齢化によって若い世代の人口が年々少なくなっており、若い人材を獲得できる企業はほんの一握りです。財務省の予測では、約40年後の２０６５年までに20歳～64歳の人口は大幅に減少し（人口ベースで38％の減少）、高齢化率は約10％程度上昇するとされています。

さらには働き方改革の影響も大きく、長時間労働の規制が強化された結果、以前に比べて働くことへのモチベーションや出世意欲を高く持つ人は少なくなり、長時間労働を行える人材の獲得がますます難しくなっています。

それだけではありません。さらにここへ日本の労働市場における「人材需給のアンバランス」が関わってきます。地方には、農業や食品加工業のように人々の生活を支える大切な仕事に携わっている企業も多いと思います。しかし、そのような貴重な職種であっても、「低賃金」「きつい」「地味である」「仕事の意義が見出せない」などの理由から、その職種を選ばない人も少なくありません。これが人材需要のアンバランスを生みます。

今後、少子高齢化はさらに拡大し、日本人労働者だけで経済を回すことがより困難になっていくでしょう。それでも、日本人に限定して従業員を雇いたいというのであれば、相当な企業努力が必要です。一方で、日本人の労働力ばかりに目を向けているままではなかなか人手不足を解消できず、そのうちに経営が傾いてしまうという事態も起こり得るのではないでしょうか？

3 外国人雇用における3大メリット

本書をお読みの経営者の中には、日本人が採用できないため、「やむを得ず外国人雇用を考えてみたいが、うまくいくかどうか分からず不安だ」という方もいることでしょう。しかし、外国人雇用だからこそ得られるメリットがあり、そのメリットこそが企業の人手不足の解消、さらには企業の成長へと導いてくれる鍵なのです。

そこで、外国人雇用を考えるうえで知っておきたい3大メリットについてお話しします。

【メリット1】若い人材を獲得しやすい！

日本人の雇用に比べて、外国人雇用では、地方に対する偏見を持たない若手人材を確保しやすいという大きなメリットがあります。

皆さんも身に覚えがあると思いますが、日本の若者の多くは、大都市圏に目が向いています。働く、生活する、あるいは遊ぶ場所として、大都市圏は魅力です。その一方で、自分が生まれ育った地方の町にはあまり希望を感じていません。

筆者が知る限り、外国人の就労希望者たちにはそのような偏見や先入観がそこまでありません。「東京でなくてはだめだ」という人は大多数ではないのです。就労先の立地や街の大きさよりも、職場環境や賃金などの雇用条件を重要視します。

皆さんの会社の業務において、体力や持久力のある人、あるいは新しいテクノロジーや時代の動向に敏感な人、といった人材を必要としている場合、やはり若い世代が適しているでしょう。

たとえば、ビニールハウスの中で行う野菜の収穫作業を考えてみましょう。日中のビニールハウス内は40℃近い気温になります。そのような、汗が滴り落ちる環境で野菜の収穫作業をする場合、どのような人が適しているかは明らかです。

厳しい環境下での仕事に慣れている高齢者が来てくれれば幸運といえるでしょうが、そのような経験がない高齢者の応募しかない場合、安全面でのちのち問題が起きる可能性があります。ビニールハウス内の作業中に熱中症でダウンする人が続出するかもしれません。そうなったら業務どころではないでしょう。

筆者がお付き合いしている農家では、20代の外国人技能実習生に暑いビニールハウス内での収穫作業を担当してもらう一方、近所にお住まいの高齢者をアルバイトとして雇い、工場内で野菜のパッキング作業に従事してもらっています。

また、若い人はＩＴやデジタル機器などの習得が早いため、日本語の壁はありますが、パソコンなどを使った仕事もこなしてくれるかもしれません。経験を積めば、業務に関する新しいアイデアを提案してくれる可能性もあります。

ご存じのとおり、会社においては、高齢者でも担当でき、かつ彼らにふさわしい仕事もあれば、若い人だからこそ安心して任せられる仕事もあります。世代による効果的な分担ができれば、業務の幅は次第に拡がっていくでしょう。

日本人にこだわらなければ、若い人たちを雇えるチャンスがあります。場所や職種がネックとなって、これまで若い人材の獲得は難しかったという会社も、外国人雇用であれば、若い人材を採用することが十分に可能となるのです。

【メリット2】企業の海外進出につながる!

もう一つの大きなメリットが、企業の国際化を加速できる点です。

いまは、中小企業であっても、国内市場だけを対象にしていればいい時代ではありません。先の見えない状況だからこそ海外市場に打って出たいと考えたときに、外国人雇用はあなたの会社の国際化を一歩前進させてくれます。

日本人の中から国際化に対応できる人材を獲得しようとしたら、外国語を話せることが第一の条件として挙げられます。しかし、国際化では他言語に精通するだけでなく、異なる文化や地域で生きる人々への理解、異なる商習慣の中でビジネスをするスキルなど、外国人といかに交渉し、やり取りして合意点を見出せるかが問われます。最近はパソコンやスマートフォンの自動通訳・翻訳ツールが進化していますので、将来は、国際的な人材に求められる言語力はさほど重視されない時代が来るかもしれません。

国際化においては、何よりも柔軟性や適応力が求められます。日本人に柔軟性がないわけではありませんが、仕事を求めて来日する人材は、いまの日本人にはないバイタリティと適応力を持っています。

国内の中小企業が、海外に市場を見出そうとする場合、まずは一国を対象にしてその国とのつながりを深め、機が熟した段階で拠点を設けます。

筆者の場合、ミャンマー人と結婚して13年が経ち、夫の母国に住む家族との付き合いがありますが、いまだに彼ら、彼女らの本音を読み取り、行動様式を理解することは完全にはできません。結婚していてもそうなのですから、仕事で他国とのつながりや理解を深め、根を張るには相当な努力が必要です。

そうであれば、その国で生まれた生粋の「土地っ子」を雇用し、仲介役として動いてもらったほうが、会社の国際化は進展するでしょう。対象とする国の人を雇用して、本人のスキルや母国とのつながりと情報を活用すれば、海外でのビジネス展開を計画し、実行に移せるチャンスが出てきます。海外に拠点を置くことも夢ではありません。

国内での成長が伸び悩んでいる企業や、海外向けのビジネスを行っている企業にとっては、外国人雇用は単に人材不足の解消策であるだけでなく、さらなる事業規模の拡大と企業の成長をもたらす鍵になり得るのです。

【メリット3】事業計画が立てやすくなる

人材を確保できると事業計画が立てやすくなります。建設業や製造業の場合、投入できる従業員の数によって、施工件数や生産量が決まってくる場合もあります。安定的に人材が確保できれば、施工計画や生産計画を立てやすくなります。

日本人の雇用に限定すると、人手不足は解消されず、事業規模も拡大することができません。外国人の技能実習生や特定技能外国人を活用することによって人材を安定的に確保できれば、事業の安定化や事業規模の拡大・成長も可能です。

人材不足は、企業にとって、受注控えや事業の縮小、最悪の場合は人手不足倒産にもつながる深刻な問題です。簡単なことではないかもしれませんが、人材不足の状態で事業を続けているよりも、外国人材を受け入れて労働力を補ったほうが、企業のさらなる発展が期待できるのです。

外国人雇用における以上の3大メリットを、一度ご自身の企業に当てはめて、シミュレーションしてみてください。

4 長期的な雇用を目指すなら――3つの形態に注目

ところで「外国人雇用」と一口に言っても、その形はさまざまです。外国人雇用の場合は、雇用形態だけではなく、表1-1のような在留資格ごとに考える必要があります。この中でアルバイトとインターンは短期の契約となります。外国人にできるだけ長く働いてもらいたいと思うならば、就労ビザ（正社員）、技能実習生、特定技能外国人の3つの資格を検討してください。

ここで、それぞれの雇用形態の違いについて簡単にご説明します。

《正社員として雇用する》

日本人を雇用するときと同じように、企業が採用活動を行い、直接的に雇用することです。すでに日本に住んでいる外国人を対象に採用活動が行われることもありますし、海外にいる人材を見つけ出して面接を行い、採用するパターンもあります。

在留資格の種類	正社員	アルバイト・インターン	特定技能	技能実習
特定技能1号・2号	×	×	○	×
技能実習1号・2号・3号	×	×	×	○
永住者	○	○	×	×
定住者	○	○	×	×
高度専門職1号・2号	○	○	×	×
技術・人文知識・国際業務	○	○	×	×
留学生	×	○	×	×
日本人の配偶者を持つ	○	○	×	×
永住者の配偶者を持つ	○	○	×	×

表1-1　雇用形態と在留資格のマトリックス

採用までの手順は、内定通知を出した後、日本で就労制限のない在留資格がある人以外は、就労のための在留資格を取得したのちに入社となります。健康保険や年金、雇用保険などの手続きについては、基本的には日本人を雇用するときと同じと考えていただいていいでしょう。

正社員として雇用できる外国人とは、就労制限のない在留資格のある外国人と、職種によって雇用が可能となる「高度専門職1号・2号」[*1]や「技術・人文知識・国際業務」[*2]の在留資格を取得できる外国人とに分かれます。あなたの会社で必要とする人材の仕事の内容を確認し、正社員雇用を検討しましょう。

高度専門職、技術、人文知識、国際業務以外に正社員として雇用できる外国人
・永住者
・日本人の配偶者等
・永住者の配偶者等
・定住者

《技能実習生として受け入れる》

「外国人技能実習制度」（以下、技能実習制度）とは、技術実習法において「人材育成を通じた開発途上地域等へ技能、技術又は知識の移転により国際協力を推進することを目的」として設けられたもので、この制度に基づく在留資格によって雇用できる外国人を「技能実習生」と呼びます。

外国人が日本企業の持つ技能や知識を修得・習熟することを目的としているので、企業はただ外国人に仕事を与えて働かせるだけではいけません。雇用し、仕事を与えるとともに、技能を指導し、実習させる教育的な技能実習プログラムを提供しなければならないのです。

そのため、技能実習生を雇用するには、あらかじめ技能実習計画を策定し、外国人技能実習機構からの認定を受ける必要があります。技能実習生に、実習とともに自社の通常業務を行わせるので、雇用契約を結び、従業員として仕事をしてもらうことになります。

技能実習生に対しては、ほかの日本の労働者と同様に、労働基準法や労働安全衛生法に定める労働者保護についても配慮する義務が生じます。当然賃金も発生しますので、自社で規定された賃金を支払わなければなりません。最低賃金法も適用されます。

この制度は新制度の設立が予定されていますが、制度の骨子は残る可能性があります。よって技能実習の詳しい仕組みについては第3章で詳しくご説明します。

＊1　高度専門職1号・2号——高度専門職1号は高度で専門的な能力を持つ外国人の方が取得できるビザ。優遇措置があり、どのような職業でも5年の在留期間を取得できる。同2号は1号の在留資格を持ち、1年を経過することが要件の一つとなる。学歴・職歴・年収などの項目ごとにポイントを付け、その合計が一定点数以上に達した人に許可される。または、高度外国人材としての「特定活動」の在留資格をもって一定期間在留した方が対象になる。2号の在留期間は無期限。

＊2　技術・人文知識・国際業務——企業や組織等と契約し、機械工学等の技術者、通訳者、デザイナー、私企業の語学教師、マーケティング業務従事者など、専門的・技術的素養を必要とする、いわゆるホワイトカラーの外国人が取得できるビザ。「技人国（ぎじんこく）」と略して呼ばれることもある。

《特定技能外国人として受け入れる》

「特定技能」とは、日本の労働力不足を解消することを目的として設けられた、外国人の在留資格の一種です。就労可能な在留資格ですので、従業員として雇用することができます。一定の技能および日本語能力の基準を満たした外国人のみが取得できる資格です。

特定技能は、対象となる特定の産業分野によって「特定技能1号」と「特定技能2号」とに分かれています（表1-2）。

特定技能1号の在留資格は、日本語試験と12の産業分野についての分野別の技能試験（学科と実技）に合格し、日本語能力と対象分野についての一定の技能や知識、経験を持つと認められた外国人に付与されます。特定技能外国人を雇用するということは、そのような試験に合格した外国人を雇用するということです。

ただし、技能実習生として3年以上従事していた外国人を、技能実習生であったときと同じ産業分野の仕事に就いてもらうのであれば、日本語試験と技能試験を受けなくても、特定技能1号の在留資格の取得だけで雇用できます。

特定技能1号の在留期限は基本は1年で設定されますが、更新することが可能です。ただし、在留期間を更新する場合でも、通算で5年が上限なので、最長で5年間雇用できるということになります。

●特定技能1号の12分野
①介護　②ビルクリーニング　③素形材・産業機械・電気・電子情報関連製造業　④建設　⑤造船・舶用工業　⑥自動車整備　⑦航空　⑧宿泊　⑨農業
⑩漁業　⑪飲食料品製造業　⑫外食業

●特定技能2号の2分野
①建設　②造成・舶用工業

表1-2　特定技能1号と2号の対象となる特定の産業分野

特定技能1号の外国人を雇用する事業主には、彼らの職業生活、日常生活、その他の社会生活に関する支援計画を立て、その計画に基づいて支援を実施しなければならないという義務があります。

特定技能2号は、特定技能1号の取得が終わった方が技能試験に合格すれば得られる在留資格で、建設または造船・舶用工業という2つの分野で熟練した技能を持つ場合にのみ認められていました。しかし、2023年8月の閣議決定で特定技能1号の12分野のうち、介護以外の職種を2号に拡大することが決まりました。

特定技能2号は1号よりも高度な内容の技能が要求されます。ただし2号の場合は、1号の外国人に対して義務とされたような支援計画を立てる必要はありません。

特定技能外国人を雇用する場合は、原則として正社員・フルタイムでの直接雇用となり、農業と漁業の2つの分野を除き、派遣社員として受け入れることは認められていません。

必要とされる在留資格をおおまかに分けますと、単純労働の正社員は特定技能、デスクワークやエンジニアなどの高度人材は技術・人文知識・国際業務となります。

3つの雇用形態のなかでも特に認識が混乱しがちなのが「技能実習」と「特定技能」です。実際は両方とも人手不足の業種や職種の雇用形態となっているのが現実ですが、前述した説明の中で、それぞれの制度が異なる目的で作られたという点はお分かりいただけたでしょう。さらに、技能実習と特定技能には、もう一つ大きな違いがあります。それが従事可能な「業務」です。

両方の受け入れが可能な業務もありますが、表1-2のとおり、技能実習では受け入れできない業務、もしくは特定技能では受け入れができない業務というものがあります。そのため、自社の職種や業務内容が、技能実習と特定技能のどちらに対応しているのかをきちんと調べておく必要があります。

しかしこれも、法務省の「技能実習制度及び特定技能制度の在り方に関する有識者会議」において、技能実習生と特定技能の職種を同一化する動きや、技能実習制度を変えていくことについて現在検討されているので、2つの制度がいまよりも似た内容になる可能性があります。いずれにせよ、日本人と外国人が共に暮らしやすく、共に日本社会を盛り上げていけるような制度になることを願わずにはいられません。

5 自社に合った雇用形態は？

一般的な正社員雇用、技能実習生の受け入れ、特定技能取得者の直接雇用――の3つから、どの雇用形態を選べばいいのか分からないという方に向けてチャートを作成しました。こちらを参考に、自社にあった外国人の雇用形態を調べてみましょう（チャート）。

筆者はよく企業の経営者から、「技能実習生ではなく特定技能の人が欲しい」という要望をいただきます。日本企業からすれば、人手不足を解消するために幅広い仕事をしてもらうのは特定技能のほうが制度的に優れていますが、海外の人をきちんと教育し、定着を図るうえで、技能実習制度が100％悪いとはいえません。特定技能の場合、企業側は1年で雇用を終了することができるので、技術を覚える前に職を失う外国人が増える可能性もゼロではないのです。

筆者は現在の制度が素晴らしいと主張するつもりはありません。しかし、企業が現行制度をよく理解したうえで、自社にとって最善の選択をするのがよいのではないでしょうか。

外国人の雇用を考えるならば、技能実習制度の仕組みや活用の仕方についての理解は欠

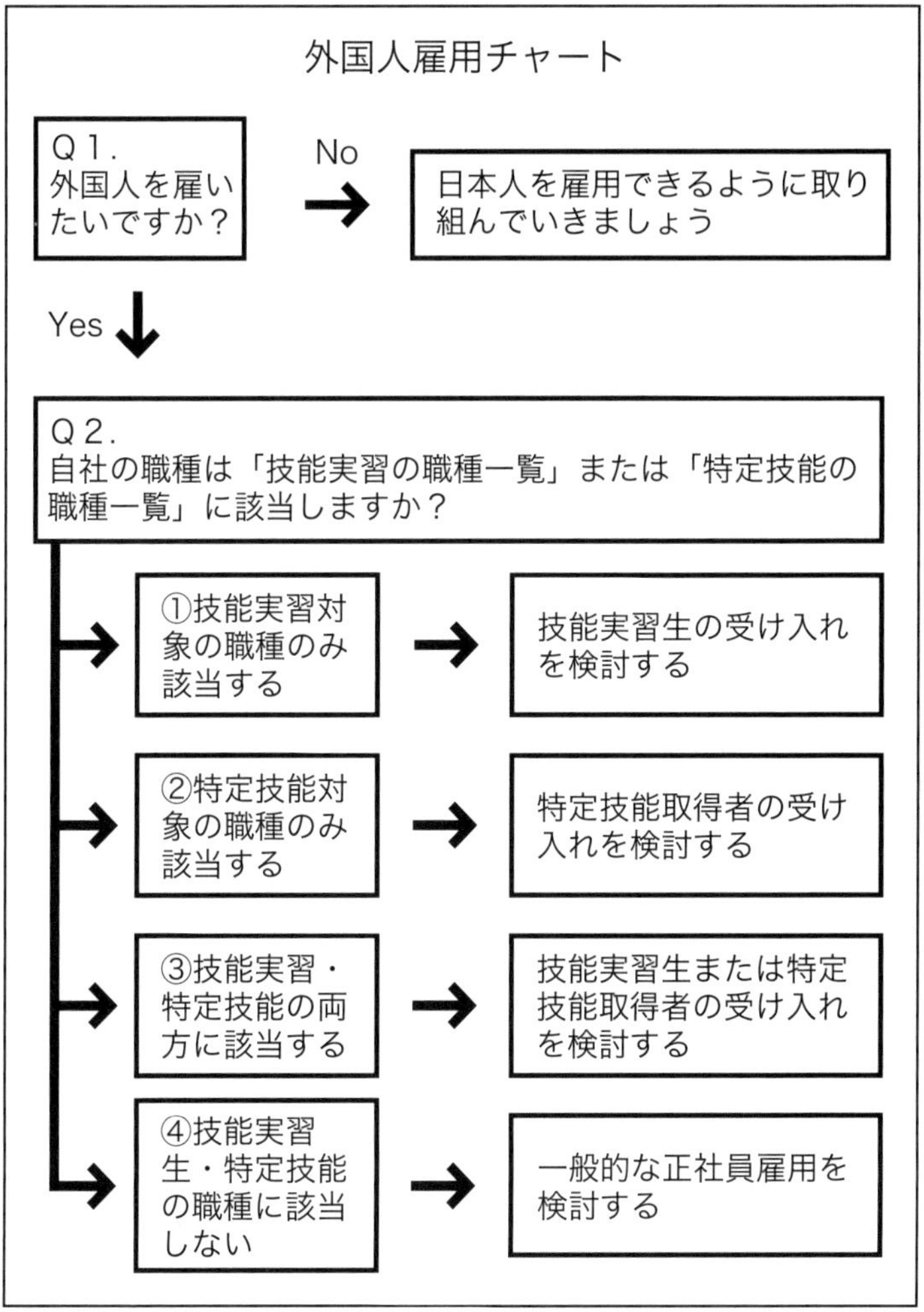
外国人雇用チャート
Q1.
外国人を雇いたいですか？
No
日本人を雇用できるように取り組んでいきましょう
Yes
Q2.
自社の職種は「技能実習の職種一覧」または「特定技能の職種一覧」に該当しますか？
①技能実習対象の職種のみ該当する
技能実習生の受け入れを検討する
②特定技能対象の職種のみ該当する
特定技能取得者の受け入れを検討する
③技能実習・特定技能の両方に該当する
技能実習生または特定技能取得者の受け入れを検討する
④技能実習生・特定技能の職種に該当しない
一般的な正社員雇用を検討する

チャート　雇用形態を選ぶ

参考：

●外国人技能実習機構（OTIT）「移行対象職種情報」
https://www.otit.go.jp/ikoutaishou/

●法務省「特定技能ガイドブック」

かせません。なぜなら、制度上にさまざまな課題はあっても、中小企業にとって「技能実習制度」は人材不足解消の鍵を握っており、日本で働く人材の基盤を教育している事実があるからです。

技能実習制度の廃止や変更が議論されていますが、現状の技能実習生約32万人の制度を一朝一夜にすべてなくすのは現実的ではないと思います。現実問題として、現時点ではこの制度を、ゆくゆくは技能実習制度にかわる新制度を活用し、さらに将来的に特定技能人材の定着を図ることができれば、事業を存続・発展させることができる企業は多くあるはずです。中小企業の発展は、一企業の繁栄にとどまらず、ひいては地域産業の活性化と地方経済の自立的発展、さらには日本経済全体の復活にまでつながるものです。

外国人雇用のココがPOINT①

賃金が低い＝人手不足？

「賃金が低いから人手不足が発生していて、賃金を上げれば人材は獲得できる。だから外国人材は日本の賃金ベースを引き下げている」といった話が巷にあります。

それでは、地方の小さな飲食店や、農家、製造業を担う工場作業の現場は、賃金を上げれば即、外国人材に頼ることなく、人手不足問題が解消するのでしょうか？

さらに、「機械化すれば外国人材を多く呼ぶ必要はなくなるのでは？」という話も聞かれます。果たして、本当にそうなのでしょうか？

たとえば、農業従事者の時給が２０００円になって、さまざまな作業が機械化したら、人手不足は解消するでしょうか？

もしかしたら、機械化やＩＴ化によって、人手不足問題は少しは解消するかもしれません。しかし、作業の機械化と賃金アップが、単純に人材不足問題を１００％解消するとは思えません。

「DX（デジタルトランスフォーメーション）」「IT化」といったスローガンで、生産性を上げるためにIT技術を企業に導入する取り組みが盛んに行われています。確かに、すべての仕事を手作業で行う時代はすでに終わっており、中小企業にも少しずつIT化、DXの波は押し寄せています。

しかし、たとえば食肉加工工場や機械部品を組み立てる工場で、機械化・IT化した部分は多くあっても、原材料を仕入れ、機械にセットして、機械の操作や管理を行うのは、いまのところ人間です。建設現場で、その土地の天候や環境に合わせて家を作るのを、気候の変化や環境を把握できない機械で行うのは難しいはずです。

月給30万円〜50万円の求人を出しても、とび職の募集に人が集まらないと、ある企業経営者からお聞きしました。つまり、賃上げは仕事内容によっては効果がありませんし、機械化はいまのところ、中小企業の投資可能な規模によって実現するかしないかが明確ではなく、もし機械化したとしても、そこで機械を操作する人間はどうしても必要です。

そして、たとえ給与が高かったとしても、地方の山の中にある工場で食品加工作業をしたり、炎天下で建築現場の足場を組み立てるのはいやだという日本人はたくさんいるのです。

筆者が、ある地域の農作業スタッフを募集している方から直接聞いた話ですが、「いま、うちにいる人たちには、時給が上がることを望む人はいないんです。それよりも、いまの時給のままで、これ以上つらい作業をすることなく続けていきたい、というスタッフが多いのです」とのこと。日本人が仕事内容を選び、給与にこだわらないことで、人手が足りない作業がどうしても発生してしまいます。

たしかに「外国人材が増えると日本全体の会社員の給与が上がらない。機械化は人材不足を解決する一助だ」という理屈は、ある面では間違っていないかもしれません。ですが、昇給や機械化だけで、人手不足問題がすべて解消できるわけではなく、何を機械化し、何を人に任せるかを定めて人手不足を解消できる方策を探すことが重要なのではないでしょうか。ロボットの作業精度が上がってきて、ロボットのコストが下がれば、人かロボットかという選択肢は広がるでしょう。しかし、あと数年くらいは、「人」が企業存続の重要なファクターであることは間違いありません。

第2章

外国人を雇用するときに
よくある誤解

雇用形態を理解したうえで外国人を雇用できたとしても、すぐに長期雇用につながるかというとそうではありません。外国人労働者が日本での生活や働き方に慣れるまでには時間がかかりますし、日本人の側も異文化の方々と働くことに慣れていません。日本人と外国人がうまく共存し、協力しあいながら相乗効果を発揮できるような職場作りを目指すというスタンスが大切です。

本書を手に取られた読者の中には、これから外国人雇用を始めようとしている方のほかに、一度外国人を雇用したもののうまくいかなかった……という方もいることでしょう。筆者自身も、これまで実に多くの失敗事例を見聞きしてきました。自分が携わった外国人材紹介の案件で、外国人が早期退職してしまったこともあります。しかし、外国人雇用に失敗したという方もあきらめないでください。失敗はすみやかに修正できます。ここからは、外国人雇用において失敗しやすいケースやその原因、無意識に陥りやすい経営者の誤解についてお話しします。

1　外国人雇用が失敗する3つのパターン

外国人を雇用したものの、うまくいかずに失敗してしまう企業を見てみると、いくつかのパターンがあることに気づきます。特に多いのが次の3つです。

①外国人と日本人の関係がこじれて失敗する
②言葉の壁が越えられずに失敗する
③外国人就労者に逃亡されて失敗する

これら3つのパターンはどんな企業でも陥る可能性がある一方で、これを避けることができたら大方はうまくいくともいえるのです。これらの失敗のパターンがどのようなものなのか、それぞれを見ていきましょう。

①外国人と日本人の関係がこじれて失敗する

ちょっとした思い込みや認識のズレから、日本人と外国人との間にお互いへの不信感や不満が募り、人間関係のトラブルに発展するパターンです。

人間関係のトラブルにまつわる問題は、職場の空気を悪くするだけでなく、仕事面にも影響を与えます。社内のコミュニケーションが取れていなかったり、社員教育の体制が整っていなかったりすると、組織の中で役割分担やチームとしての協力関係を築くことができません。役割や指示の内容があいまいなまま仕事を続けていくと、外国人としては組織内の上司または同僚に対してどのような対応をすればいいのかが分からず、日本人側が望む適切な行動が取れなくなります。

これに対して日本人側が、「この外国人は仕事ができない」と思い込んで決めつけてしまうと悪循環が加速します。ある外国人の仕事ぶりを見て、仕事ができないと判断したら、その人に与える仕事を制限するようになるかもしれません。それは、本人の能力を考慮して行ったことだとしても、簡単な仕事や同じ仕事ばかり与えられた外国人は成長の実感を得られず、楽ではあっても昇進も昇給もできないことに不満を抱き始めます。稼ぐために頑張って働きに来ている外国人からすると、とても不本意なことだからです。

思い込みや決めつけから、同じ日本人同士なら許されるようなちょっとしたミスや認識違いでも許せなくなることもあります。これがエスカレートすると、いじめや差別が社内に蔓延しかねません。

人間関係のトラブルがストレスになって、日本人と外国人との間に溝ができてしまうと、外国人は転職を考えるかもしれません。いろいろなことを学んで吸収し、お金を稼いで家族に仕送りをしたいと思っている彼ら、彼女らにとって、人間関係に問題がある場所で働くのはいやなことです。

②言葉の壁が越えられずに失敗する

続いては、言葉の壁に起因するトラブルです。

外国人は日本に来るにあたって日本語を勉強してきます。日本語能力試験（ＪＬＰＴ）のＮ２レベルの高い力があれば、かなりのコミュニケーションができるといわれていますが、実際にはＮ４やＮ５という低い方もいます。仮に日本語の能力が高かったとしても、やはり彼らにとって日本語は外国語です。私たち日本人同士が使う言葉のすべてを理解できると思うのは大間違いです。ちょっとしたニュアンスの捉え方は文化によってだいぶ違いますし、行間を推し測ったり空気を読むということは、ほとんど成立しないと考えたほうがいいでしょう。

彼らが日本語の能力を高めようと努力するのと同じように、受け入れ企業の側でも、彼らに歩み寄る必要があります。

外国人が社内にいなければ、社内文書や諸々の規則をすべて日本語で作成していても問題はありません。しかし、外国人を雇用する場合、彼らの理解できる言葉、つまり彼らの母国語で書かれた業務マニュアルや社内文書を用意する必要があります。

「今度、技能実習生として外国人を雇うことになったので、英語のマニュアルを用意しました」とおっしゃる経営者がいました。しかし、その会社にやってくる外国人は、ベトナムの出身だというのです。ベトナムでも英語の能力が高い人はいるでしょうが、外国人は誰もが英語を使いこなせると考えるのは大間違いです。英語圏で生まれ育った人間でなければ、英語も一つの外国語にすぎません。

外国人就労者の母国語で書かれた業務マニュアルが用意されていないと、彼らに仕事内容をきちんと伝えることができません。雇用する外国人たちの出身国がみな同じである場合は、その出身国の言語で書かれたマニュアルを用意すればいいでしょう。

彼らの出身国が複数に分かれる場合、たとえばベトナム人と中国人とミャンマー人を雇うことになったというときは、ベトナム語と中国語とミャンマー語の業務マニュアルを用意する必要があります。

「それは随分と大変だなあ」

そう思うかもしれません。たしかに手間とコストがかかります。しかしそれは必要な手間であり、仕事を行ううえで必要な費用であると考えるべきです。その手間とコストを惜しむばかりに、業務上の指示が行き届かずトラブルが生じたり、業務に遅滞が生じたりするのであれば、せっかくの外国人材の力を活用できていないということになるからです。

外国人一人ひとりの言語に合わせて複数の言語サポート体制を用意したり、対応するのは困難かもしれません。実際にそのような取り組みができている企業はまだまだ少ないのが現状です。

その一方で、従業員が多国籍でもしっかりと多言語対応を行い、現場が円滑に機能している企業もあります。たとえば、近ごろのコンビニエンスストアでは、外国人店員の教育ビデオに複数の国の言語を用いるようにしているとのことです。筆者は多言語対応している工場の製造現場を多数見たことがあります。ことの重要性に気づいた企業はすでに実行しているのです。専門家の力を借りたり、場合によっては翻訳アプリケーションなどを使えばできないことではありません。

③外国人就労者に逃亡されて失敗する

外国人雇用においてたびたび問題となるのが「外国人就労者の逃亡」です。

彼らが逃亡してしまう事例には、大きく分けて2つのパターンがあります。

一つは、よりよい条件の仕事があると知って逃げてしまうパターン。もう一つは職場環境に何かしらの問題があり、耐えられなくなって逃げ出すパターンです。

前者の場合は、外国人就労者本人の意思の問題も大きく関係するため、企業側の努力だけでは防ぎきれないでしょう。しかし後者の場合は、外国人就労者が逃げ出したくなるような重大な問題が企業側にあることを意味します。そのため、外国人就労者の行動次第では警察や入国管理局、または母国の大使館などに連絡がいき、法的・社会的問題へと発展してしまうこともあります。

外国人雇用の現場では、「昼の休憩を取らせない」「残業代を支払わない」などの労働基準法違反が暗黙のうちに行われているケースもあります。

労働基準法は、労働者の保護を目的とし、最低限の労働条件を定めたものです。国家公務員等の一部を除いて、日本国内のすべての労働者に原則適用されるもので、企業がこれに違反すると、使用者に対し罰金刑や懲役刑といった刑事罰が科せられることもあります。

「バレなければいいだろう」とか「ちょっとくらいいいじゃないか」という気の緩みが、外国人就労者とのトラブルを生むだけに留まらず、会社の存続を揺るがす事態にまで発展しかねないという危機感を、経営者は常に持っておきたいものです。

2 経営者として避けては通れない「お金」の問題

外国人雇用が失敗する3つのパターンと併せて、経営者の方に知っていただきたいのが「お金」の問題です。企業と外国人就労者間のトラブルにはさまざまな原因がありますが、多くの問題に賃金に対する不満が紐づいているというのが実態です。

「お金」の問題が長期雇用を阻む原因に

開発途上国出身の外国人たちは何を求めて日本へやってくると思いますか？

仕事のやりがい？

日本ならではの技術？

そういった人ももちろんいるでしょう。しかし、日本へ働きに来る外国人のほとんどが「お金を稼ぐ」ことを目的としています。だからこそ、彼らにとって「お金」＝「賃金」は大切な労働条件となります。


最初はあらかじめ提示された賃金の額に納得して来日する外国人も、日本での生活に慣れ、時が経ち、仕事ができるようになるにつれ、昇給やボーナスを求めるようになっていきます。特に、現在はＳＮＳで容易に情報を交換できる時代です。外国人同士では互いの給与の額について情報交換することに抵抗がない人が多いので、他人と比べて自分の給与が高いのか低いのかがすぐに分かってしまいます。

一つの会社に勤めていて、給与が思うように上がらない状態が続けば、「ここではこれ以上稼げない」と見切りをつけ、ほかの職場に転職しようと動き出してしまうでしょう。そのため、低い賃金のまま長期間働いてもらおうと思っても、外国人は残ってくれません。

日本は労働市場としての魅力を失いつつある？

外国で仕事を探す人たちにとって、日本は良い出稼ぎ場所であるというイメージをなんとなくお持ちの方も多いのではないでしょうか。ところが、最近は外国人にとって「日本＝稼げる場所」ではなくなってきています。

外国人労働者が急激に増えたのは１９８０年代後半です。高度経済成長の果てに不動産価格が高騰し、日本がいわゆるバブル経済に突入したころです。好景気の中、会社員の賃金も上昇し、中小の製造業からサービス業にいたるまでさまざまな業種が人手不足になりました。大学新卒の採用は超売り手市場となり、人材の争奪戦も激化していきました。

その中で、工場や建設業など現業系の仕事は「きつい・きたない・危険」の３つの言葉の頭文字をとって「３Ｋ」の仕事と呼ばれ、若者から敬遠されるようになりました。そこで不足する労働力を補ったのが、アジア地域からやってきた多数の出稼ぎ労働者でした。

ところが現在の日本では、「失われた30年」と呼ばれるほど長期にわたる景気低迷が続き、米国のＧＡＦＡや中国のＢＡＴＨのような世界的企業も生まれていません。１９８９年の世界時価総額ランキングトップ50社のランキングには、日本企業が32社もランクインしていましたが、２０２２年の時点ではトヨタ1社がかろうじてランクインしているだけです。

国内産業の多くが伸び悩んでいると言っても過言ではありません。大企業は内部留保をため込み、中小企業は人件費の捻出すら苦しい状況となっています。結果として大企業も中小企業も、人手不足でありながら、なおかつ安い労働力を求めざるを得ない状況が生まれているのです。

OECD（経済協力開発機構）のデータを基に厚生労働省が発表した「G7各国の賃金（名目・実質）の推移」によると、他国が年々上昇曲線を描いているのに対し、日本は1991年以降ほぼ横ばい、30年以上も賃金が上がらないままであることが分かります（図2-1）。

各国が賃金を引き上げるなか、日本の賃金は低いままなのです。こうした「低賃金」で「稼げない」という日本の現状は外国人に広く知られるところとなっており、徐々に外国人から「有望な出稼ぎ先」として選ばれなくなってきているのです。実際に、経済成長が著しい東南アジアの国々の人のなかには、「手取りで10万円を超えないのなら日本に来たくない」と言う方々も現れてきています。

都道府県が設定する最低賃金は、それよりも高い賃金を払わなければならないという基

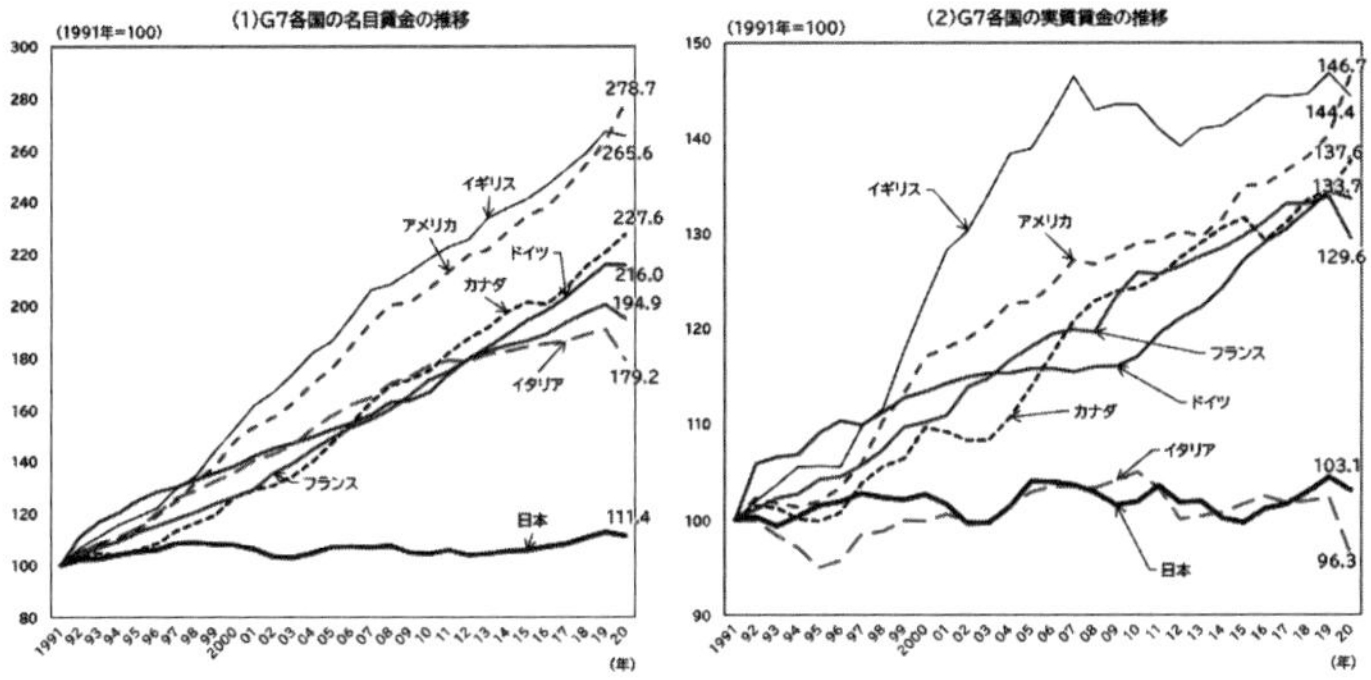

資料出所　OECD.StatにおけるAverage Annual Wagesにより作成。購買力平価ベース。
（注）　1）1991年を100とし、推移を記載している。なお、ＯＥＣＤによるデータの加工方法が不明確なため、厳密な比較はできないことに留意。なお、我が国の計数は国民経済計算の雇用者所得をフルタイムベースの雇用者数、民間最終消費支出デフレーター及び購買力平価で除したものと推察される。
2）名目賃金は、ＯＥＣＤが公表する実質賃金に消費者物価指数の総合指数を乗じることで算出している。

図２-1　Ｇ７各国の賃金（名目・実質）の推移
（出典）「令和４年版　労働経済の分析」（厚生労働省）

準です。最低賃金を下回ることはいけませんが、最低賃金を守っているだけで企業が魅力的に見えるわけではありません。あくまでも最低限の賃金を支払っているということに過ぎません。外国人に対して、自社の待遇を魅力的に見せたいと思うのならば、最低賃金を優に上回るような金額を提示できるように取り組む必要があります。

「外国人労働者は低賃金でも働いてくれる」という思い込みは捨ててください。現実の外国人労働者は、日本の賃金や貨幣価値が母国のそれらと比べて著しく高くない限り、わざわざ日本に来てまで働いてはくれません。外国で働くということは、多くの苦労を伴うものです。その苦労をおしてでも働きたいと思わせなければならないのです。外国人を長期にわたって雇用し、自社の経営を立て直したいと思うならば、賃金の額についてはシビアに考えてください。

3 実はそれ間違っています！ 経営者が陥る3つの誤解

外国人雇用に失敗してしまう原因が、経営者が知らず知らずのうちに抱いている思い込みや誤解、認識不足によることもあります。そこで、経営者が誤解しやすい3つのポイントをご紹介しましょう。

「優秀な人材なら、どの国の人でも構わない」

日本人を採用する場合、求めるスキルや能力の有無、性格など、さまざまな項目について就職希望者の適性を細かくチェックすることでしょう。しかし、外国人雇用となるとなぜか、「優秀な人なら誰でもいい」という曖昧な基準で採用活動を始める経営者がいます。

「日本語ができる人だけが来日し、働いてくれればいい」と思う方もいるかもしれませんが、日本人がイメージする「日本語ができる人」というのは、実は求めるレベルとしては高いのです。日本語は習得が難しい言語です。文字にしても、漢字、ひらがな、カタカナ、これらを覚えるだけでも大変でしょう。

雇用した外国人労働者が必ずしも経営者にとって満足できる日本語のレベルであるとは限りません。可能な限り、インドネシア人にはインドネシア語、ベトナム人にはベトナム語というように、その外国人の母国語で対応できるようにしたほうがいいことはいうまでもありません。

もし、中国や韓国、ミャンマー、フィリピンなど、いろいろな国の人を雇用する場合、現場の管理者や指導役である日本人がそれぞれの国の言語が分からないとなれば、的確な指示ができないこともあるでしょう。現場が混乱しないようにするためにも、自社で対応できる言語の範囲を見極めてから外国人を選び、受け入れることが大切です。

「外国人同士ならみんな気が合うはず」

経営者は、雇用する外国人たち一人ひとりが、どのような基礎教育を受けてきたのか、育ってきた環境、母国の政治・経済の状況や、歴史、文化や宗教、生活水準といったバックグラウンドなどをきちんと踏まえたうえで、チームづくりを考えることが不可欠です。

さらに、複数の外国人を雇用する場合は、その外国人同士の相性も考えるべきです。日本語や英語の能力がそれほど高くなくても、仕事のスキルやコミュニケーション能力が高い外国人であれば、うまく職場になじんでくれるかもしれません。しかし、そういう人ばかりではないということを、経営者側は頭に入れておかなくてはいけません。

入国したばかりで日本に慣れていない外国人が、外国人に慣れていない日本人ばかりに囲まれた環境で、日本人とまったく同じように働いていくのは難しいことです。しかし、日本人ばかりの中にあっても、同じ国の人が複数いて互いに助け合えるならば、心強く感じられるでしょう。

ただし、同じ国の出身者同士を一緒にしておけばいいというわけではありません。仕事場でも、寮でもずっと同じ場所で過ごすことになると、息抜きができないと感じる場合もあるでしょう。寮の中で一人のプライベート空間が保たれないと、同室の人同士がケンカを始めることもあります。せめて仕事後は、一人になれるような場所を用意したり、気の合う人同士でいられるようにしたりする工夫が必要です。

「どんな業務を任せても大丈夫だろう」

「外国人だから、どんな業務を担当させてもいい……」と思っていませんか？

たとえば、開発途上国から来た外国人の中に、高学歴の人とそうでない人がいるとします。その2人を比べると、仕事の理解度や習得するスピードが異なります。また、対象となる仕事の経験があるかどうかによっても、作業をこなすスピードは変わってくるものです。

たとえばミャンマーでは、電気・ガス・水道などのインフラが日本のように整備されていません。パソコンの普及もまだまだで、学生たちは当たり前のように紙とペンを使って勉強をしています。そういった環境で育った人に対して、一切トレーニングをせず、いきなりパソコンを使う仕事を任せてもスムーズにこなせるはずがありません。

つまり、外国人雇用においては、その方の出身国の教育や就業経験に照らし合わせて、業務と本人の能力や適性がマッチしているかをきちんと見分けることが重要です。採用面接のときに質疑応答や実技などを通してチェックするのはもちろん、入社後も彼ら、彼女らの様子を観察しながら、適材適所の人材配置を目指しましょう。

外国人雇用のココがPOINT②

言葉が分からないときのフォローは苦労の連続だが、定着すれば戦力になる

横浜駅から徒歩5分ほどのところにある隠れ家的寿司屋で筆者は、「来日したてで言葉の分からないスタッフを抱える店の苦労」を目の当たりにしました。

神奈川県横浜市内にある、とある日本語学校では、留学生のアルバイトを元学校職員であるベトナム人があっせんしていて、ここでは、日本に来たばかりで自力でアルバイトを探すのが難しい留学生らにアルバイト先を紹介しています。

カン（21歳）とモン（22歳）のミャンマー人女性2人は、この日本語学校に留学し、同校のアルバイト紹介によって、件の寿司店で働くようになりました。

ところが、日本語の日常会話もままならない状態でのアルバイトのスタートですから、当然、店主は教育指導を行うのが大変でした。カンとモンの2人は、仕事中に仕事以外の会話をすることがあり、それを店主がたびたび注意し、その後2人のシフト時間を減らしました。

するとこの2人は、突然店に出勤しなくなったのです。「働く日数や時間が減るのであれば、別の仕事に移る」というのがその理由です。

日本では、アルバイトでも正社員でも、辞職する前に余裕をもって雇用主に申し出る習慣がありますが、この習慣を知らない彼女らは、突然辞職しても問題ないと思っていました。しかし、無断欠勤した彼女らに腹を立てた店主は、翌月、彼女たちの勤務分の給与を支払いませんでした。

彼女らは店に行って、支払われていない給与を求めましたが、それに対する店主の答えは、「もう一度店に戻ってきてスタッフをやれば、給与を渡す」というものでした。

日本に来たばかりの留学生がアルバイトを探すのは困難です。アルバイトの面接までたどり着くのも、採用されるのも、他人の助けを借りなければ難しいという現状があります。

発展途上国出身の留学生は、日本に来たらまず生活費と日本語学校の学費を稼がなければなりません。日本にある日本語学校の入学時に必要な1年間の学費や経費は、およそ110万円〜150万円。ひと月の稼ぎが平均2万円ほどの経済規模の国から来た留学生は、この110万円〜150万円の費用を捻出して支払ったのち、日本に来てから必死に稼がねばなりません。初期投資であるこの金額を上回る稼ぎがないと、彼ら、彼女らは支出だけがかさんで、計画が実行できないまま自国に帰ることになります。留学生は、「日本に行けば自活できるようになる」という見込みをもって、日本にある日本語学校や専門学校に入学しています。

この給与未払い事件で考えるべきことは、慣習の齟齬《そご》による、いわゆる職場の給与不払いという社会的悪より、自分の先行投資を取り返すことが最優先課題である留学生がいるという現実です。

そして、言葉が通じず、社会的通念が異なることによるすれ違いの結果、一方は職場を辞める、一方は給与を支払わない、という問題が生じました。

本件は、最終的には労働基準監督署に解決してもらいましたが、来日したての外国人は、日本での「当たり前」が分からなかったり、実践できなかったりしますので、日本人よりも辛抱強く教える必要があります。外国人材が活躍するまでには時間がかかるのです。しかし、時間をかけても結果が出なかったという話はほとんど聞きません。あくまでも、異文化同士の共同作業です。「雇用を続けていれば、必ず結果は出る」と思って、中長期的な視野で人材を育成するのが現在の受け入れ側に必要なことではないでしょうか。

第3章

人手不足解消の鍵を握る「技能実習制度」をまるっと理解

第1章で外国人雇用にはさまざまな雇用形態や在留資格があることをご説明しましたが、その中でも特に、中小企業の存続や人手不足解消へ強く結びつくのが「技能実習制度」です。

職種によって、複数の選択肢の中から技能実習制度の利用を検討する企業もあれば、「技能実習」という選択を選ばざるを得ない企業もあるなど、中小企業における外国人雇用とは切っても切り離せない制度です。労働者の国籍にもよりますが、一般的な正社員雇用や特定技能の受け入れよりも人材を獲得しやすい手段でもあるといえます。

しかし、正しい知識がないまま、単なる安い労働力として技能実習生を扱ってしまうと、それがトラブルの原因となり、ニュースで取り上げられているような技能実習生の失踪や暴露話の応酬など、企業価値の低下を招くことになりかねません。

また、この原稿を書いている2023年9月現在では、技能実習制度の廃止が予定されています。特定技能と技能実習の職種を一致させる、制限付きの転職を可能とした新制度の創設が計画されていますが、管理監督の在り方などは技能実習の制度と似たものになるでしょう。ただし、現在約32万人いる技能実習生を、急にまったく違う条件で受け入れるには、ぼう大な労力が必要になります。

新制度でも実習制度の骨格は残る可能性がありますので、本章では技能実習制度の現状や、外国人雇用を検討する経営者の方に理解していただきたい同制度の仕組み、どのようにこの制度を使っていくべきか、そしてトラブルを起こさないための注意点などをお伝えします。

なお、制度廃止の背景と新制度のたたき台については、下記のQRコードを読み取ればご確認いただけます。

1 技能実習制度のはじまりと現状

すでにご説明したとおり、「技能実習」とは、開発途上国の人たちに、実習を通して日本の高い技術を習得してもらい、母国へ持ち帰ってもらうことを目的とした制度です。

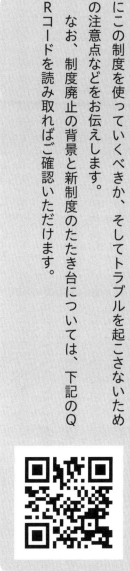

もともと技能実習制度の先駆けとして、「研修」という在留資格がありました。

１９６０年代後半になると、日本企業が海外に進出するようになり、現地の外国人スタッフへの教育を目的にした、日本での研修が実施されるようになりました。このような背景から、「研修」の在留資格が創設され、研修制度を原型として1993年に制度化されたのが「技能実習制度」です。

さらに1980年代から1990年ごろにかけて、技能実習生のほかにも、日本で働く外国人が増えていきました。さまざまな国からやってきた彼らの労働力によって、当時の日本のバブル景気は支えられていました。

「技能実習」は2番目に多い在留資格となるまでに拡大

技能実習制度が始まってから30年以上が経過した現在、数多くの技能実習生が日本の経済を支えてくれています。出入国在留管理庁が発表した「令和4年末現在における在留外国人数について」によると、在留外国人約307万人のうち、約32万人が技能実習生を占め、永住者に続く2番目の多さです。

特にここ10年で技能実習生の受け入れは急速に拡大しました。厚生労働省発表の「外国人雇用状況」の届出状況によると、2012年の時点で13万人だった技能実習生は年々増え続け、ピーク時の2019年には約38万人と、3倍近くの技能実習生が日本に滞在するようになりました。コロナ禍の影響によってその後やや減少傾向にあった年もありますが、コロナ禍の影響がなければ、より多くの技能実習生を迎えることができていたでしょう。

技能実習は実習の「計画」を外国人技能実習機構に認定してもらう必要がありますが、計画認定数でいうと、現在最も多い職種は建設関係で、２番目に食品製造関係、３番目に機械・金属関係です。そして受け入れ人数の多い国の１位はベトナムで、全体の半数以上を占めており、インドネシア、フィリピン、中国、と続きます（２０２２年12月末時点）。

勝手に来るのではなく、母国にいる外国人を「日本から呼ぶ」

すでに日本に在留している外国人就労者とは異なり、技能実習生たちは技能を学ぶ目的で、母国から日本へやってきます。それも、彼らが勝手に日本へ来るのではなく、日本から求人票が届き、複雑で長い手続きの過程を経てやってくるのです。

日本の企業が技能実習制度を利用する場合には、基本的に母国にいる外国人を日本へ呼ぶことになります。この際、企業が海外の子会社などを経てダイレクトに外国人就労者を技能実習生として日本へ呼ぶ方法と、日本で働きたい外国人を集める海外の人材会社「送り出し機関」から、日本で技能実習生を管理する「監理団体」を通して技能実習生を受け入れる方法とがあります。なお、外国人の日本への入国許可は法務省が出します。

2 技能実習制度の仕組みをチェック

続いて、技能実習制度の仕組みについて詳しくご説明します。

「移行対象職種」に当てはまる職種のみが利用できる

技能実習制度は、すべての企業が利用できるとは限りません。そもそも技能実習制度は、日本の企業が外国から技能実習生を招き入れて、それぞれの職種ごとに決められたカリキュラムを実施するためのものと位置付けられています。そのため、受け入れができる職種や、受け入れ企業が技能実習生に必ず行わせる作業などが細かく決められているのです。

外国人技能実習機構では、技能実習生に行わせるべき職種や作業を指定する「移行対象職種」を定めており、この中に当てはまる職種の企業のみが技能実習生を3年間受け入れることができます。移行対象職種について、詳しくは認可法人「外国人技能実習機構」のWebサイト（https://www.otit.go.jp/ikoutaishou/）をご参照ください。

技能実習制度を利用したい場合は、まずご自身の企業の職種が「移行対象職種」に該当するかどうかを確認しておく必要があります。もし該当しないという場合は、1年間のみの技能実習生の呼び寄せか、第1章で掲載した「外国人雇用チャート」を利用して、ほかの雇用形態も検討してみてください。

期間ごとに実習内容と在留資格が変わる

技能実習生が日本でさまざまな技術や技能、知識を修得するためのステップとして、技能実習では3段階の期間に分けて異なる実習内容を設けています。そして期間ごとに日本に滞在するための資格である「在留資格」が異なります。各期間の終わりには試験が実施され、それに合格すると、次の実習期間に必要な在留資格を取得できるという仕組みです。

母国で講習を受けて日本へやってきた技能実習生は、まず「技能実習1号」という在留資格を取得します。これは1年間の滞在が許される在留資格で、期間中には基礎級の技能検定試験を受けます。2回不合格の場合、在留資格を失い、実習は続けられません。

基礎級の技能検定試験の試験に合格すると、追加で2年間日本に滞在できる「技能実習2号」という在留資格が取得できるようになります。その後も実習を続ける場合には、期間終了前に実施される技能検定試験3級に合格し、各種の手続きを行う必要があります。

技能検定試験3級の合格者は、1カ月以上の一時帰国を経たのち（新型コロナウイルス感染症の拡大後は帰国しないようになりました）、さらに、追加で2年間日本に滞在できる「技能実習3号」という在留資格を取得できるようになります。

このように、技能実習生としては最長で5年間、受け入れ企業で働くことができます。

受け入れ方式には「団体監理型」と「企業単独型」がある

技能実習生の受け入れについては前項でも少し触れましたが、一方の受け入れ側には「団体監理型」と「企業単独型」の2種類の方法があります。

団体監理型とは、事業協同組合や商工会といった、営利を目的としない団体が監理団体となって技能実習生を受け入れ、実習実施者となる企業のもとで技能実習を行うという方法です。各団体の実績にもよりますが、基本的に監理団体は技能実習生を受け入れることに慣れている組織です。そのため、人手が少なく業務以外に時間が割けない中小企業や、そもそも外国人の雇用に慣れていない企業にとっては頼りになるでしょう。

企業単独型とは、実習を実施する企業が自ら海外の現地法人や取引先の企業などから外国人の就労者を受け入れて、企業のもとで技能実習を行うという方法です。技能実習生を受け入れるにあたって発生する管理費を安く抑えられることと、事前に技能実習生の人柄や仕事への姿勢などを知ったうえで受け入れができるというメリットがあります。

団体監理型と企業単独型の大きな違いは、「監理団体[*3]を介するかどうか」です。団体監理型では、技能実習生を受け入れるために監理団体を通すため、技能実習生となる外国人就労者の入出国の書類関係の手続きや入国後講習を、監理団体が主導して実施することがほとんどです。しかし企業単独型では、監理団体を通さずに技能実習生を受け入れるため、諸々の手続きや講習については、受け入れる企業自身が担うことになります。また、技能実習生を受け入れるにあたって何か問題があった場合に、監理団体を通さず企業だけでしっかりと対応できる力があるかどうかも問われます。

＊3　監理団体――海外での技能実習生の募集や受け入れに関する各種の調整や手続きを行い、受入れ企業と実習生がしっかりとした技能実習を行えるように、第三者として監査やサポートを行う機関。法務大臣や厚生労働大臣によって認められた非営利の団体。技能実習生を受け入れる企業が、技能実習計画に基づいて適正に技能実習を実施しているかを確認し、企業を指導する。また、定期監査などを行う。

このような違いと企業側の負担の大きさから、現在の日本では主に団体監理型で技能実習生を受け入れている企業が全体の9割を占めています（2022年年6月末時点）。技能実習生の受け入れ人数によっては、技能実習生一人ごとに発生する管理費がかさむため、団体監理型から企業単独型への切り替えを検討する企業もあるようですが、適切な人材の管理に慣れていない場合は、団体監理型がやりやすいでしょう。

また、複数の受け入れ企業が集まって監理団体を構成して、そこから技能実習生をそれぞれの企業が受け入れるという方法もあります。信頼できる企業を集めることで、安心して技能実習生を受け入れ、コストを下げられるというメリットはありますが、企業間できちんと仕事を分担して組織を機能させることが重要となるため、そこが円滑に進まなければ企業間でトラブルに発展してしまう可能性があります。また、監理団体を構成しているとはいえ、実質的には企業単独型とほぼ同じ負担が企業にかかります。

どの受け入れ方法を選択するかは、あなたの企業の特色や経済状況、人材などに合わせて判断することが大切ですが、結局のところ、技能実習制度におけるプロである監理団体に任せたほうがうまくいく例が多いのは事実です。

ただし、団体監理型だからといってすべてを監理団体に丸投げするのではなく、「企業で雇う人材」として経営者自身もしっかりと責任を持ち、受け入れる技能実習生をきちんと見極めることが大切です。

送り出し機関・監理団体・受け入れ企業の関係性

現在、技能実習制度において主流となっている団体監理型について、さらに詳しく見ていきましょう。

団体監理型では、送り出し機関[*4]・監理団体・受け入れ企業の三つ巴で協力体制を築き、技能実習生たちが安心して日本で働くことができるようにサポートします。しかし、ここで知っておきたいのが、それぞれの関係性についてです。まずは次のページの図3-1をご覧ください。

団体監理型では、受け入れ企業が監理団体へ受け入れ申し込みを行い、監理団体の会員となって支援を受けます。その後、技能実習生と受け入れ企業との間で雇用契約が結ばれ

＊4　送り出し機関――技能実習生の募集を行う、受け入れ企業からの要望に基づき技能実習生を選んで推薦する、来日前のさまざまな事前講習を行うなど、日本国外において、技能実習の準備などに携わる外国の機関を「送り出し機関」という。

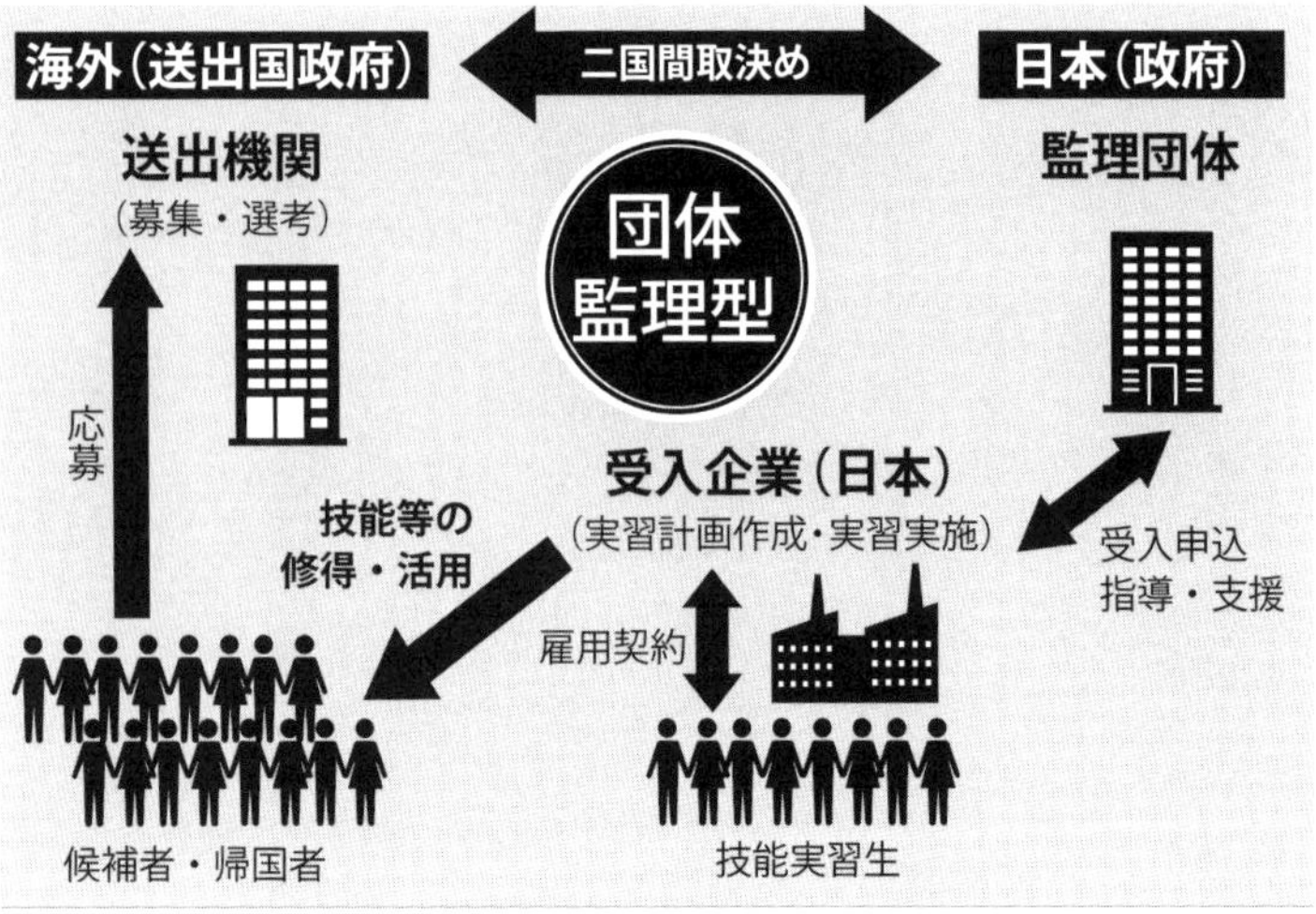

図 3-1　送り出し機関・監理団体・受け入れ企業の関係性（団体監理型）

ます。また、監理団体は送り出し機関と受け入れ企業とのパイプ役を務めます。

図をよく見ると、それぞれが二者間の契約であり、送り出し機関、監理団体、受け入れ企業の三者契約ではないことが分かります。技能実習生と監理団体は直接契約してはいませんし、受け入れ企業と送り出し機関もまた契約関係にありません。

そうでありながら、送り出し機関・監理団体・受け入れ企業には、契約を越えた協力関係があります。たとえば、送り出し機関と受け入れ企業では直接的な契約がありませんが、監理団体と受け入れ企業だけでは対応ができないトラブルが発生した場合には、送り出し機関と受け入れ企業が直接やり取りをして、トラブルの解決を目指します。

また、監理団体は技能実習生の実習から日本語支援、生活のサポート、心のケアなどを一括で担うことになっていますが、実際には日本に来てからも送り出し機関とコミュニケーションを取り、サポートを仰ぐ技能実習生も多いです。母国という強いつながりと、入国前まで指導してくれたという安心感があり、日本に来てもその関係が切れないのでしょう。

さらに、筆者の知っている限りでは、送り出し機関の担当者が受け入れ企業の人事担当に直接コンタクトを取っているケースもあります。二者の関係は長く続くこともあるので、受け入れ企業はそれを念頭に置いて送り出し機関を確認しておくことが大切です。また、受け入れ企業が途中で監理団体を変更した場合、送り出し機関とも縁が切れてしまうこともあるので、念のため、送り出し機関とは直接連絡を取っておくことをおすすめします。

「管理費」は誰に支払う？　技能実習制度におけるお金の流れ

ではここで、送り出し機関・監理団体・受け入れ企業・技能実習生の間のお金の流れを見てみましょう。技能実習制度におけるお金の仕組みには、技能実習生から送り出し機関にお金が支払われる流れと、受け入れ企業から監理団体へ、監理団体から送り出し機関へお金が支払われる流れがあります。

まずは受け入れ企業が支払うお金についてです。先ほどからたびたび登場している「管理費」ですが、これは受け入れ企業から監理団体へ支払うお金のことです。技能実習が始まると、毎月1人当たり2～5万円の管理費を監理団体へ支払うことになります。そして、入国前後の研修費や飛行機代などの交通費、事前の健康診断の費用、母国での研修費用など、技能実習生が入国するときにかかる初期費用も、受け入れ企業が支払います。このほかにも、契約の更新ごとに追加の会費を徴収する監理団体もあります。追加の会費の有無やその金額については、団体によって違うので事前に確認しておくことをおすすめします。

次に監理団体にまつわるお金の流れです。監理団体は、受け入れ企業から得た管理費のうち、一人当たり平均3000円～1万円を、送り出し機関に送金することになっています。また、受け入れ企業から徴収した、技能実習生が入国するときにかかる飛行機のチケット代や入国前研修費など、海外でかかった初期費用を送り出し機関に渡します。

最後に送り出し機関についてです。送り出し機関は、人材を集めてくるいわば人材紹介企業のような存在です。技能実習生候補が日本に入国した後や入国直前に、送り出し機関はその国ごとに定められた報酬がもらえる仕組みです。この報酬は技能実習生が支払うもので、送り出し機関の主な収入源となります。

技能実習生が支払う「成功報酬」がリスクを高める原因に

前述のように、技能実習生は日本の在留資格が取得できる場合、送り出し機関に「成功報酬」を支払います。このお金の流れは、受け入れ企業には直接関わりがないと思われるかもしれません。ところが、技能実習生が送り出し機関に支払う成功報酬の金額によっては、受け入れ企業が大きなリスクを背負ってしまう可能性があるのです。

日本の労働基準法では、人材エージェントが求職者からお金をもらうことは認められていないため、このようなお金のやり取りは発生しません。そのため、不思議に感じられている方もいらっしゃるでしょう。しかし、送り出し機関は入国前の日本語教育や日本での生活に馴染ませるための研修・合宿を実施し、さらには日本での生活面までサポートします。そのためには人を動かす必要があり、人が動けば当然費用も発生します。発展途上国で「仕事の機会を与える」というのは、人材を育てる送り出し機関からすれば至極真っ当なビジネスだといえます。技能実習生自身も、送り出し機関に払う成功報酬は、当然発生するものと認識しています。

ここで技能実習生が支払う成功報酬が高すぎる場合、支払いが負担になり、時給の高い企業を探して技能実習生が逃亡するリスクが高まります。そのため受け入れ企業は、雇い入れた技能実習生が支払う成功報酬＝送り出し機関が受け取る報酬額を確認することが望ましく、成功報酬を高く要求する送り出し機関であれば、避けたほうが無難です。

ルールとして決められているわけではありませんが、技能実習生が払えなくなった成功報酬を建て替える企業もあります。もし仮に金額が把握できなくても、トラブルを未然に防ぐための取り組みの一つとして確認しておくことは重要でしょう。

3　技能実習制度を利用するまでの流れ

技能実習生が日本に入国してから帰国するまでの流れを図にしました（図3-2）。

技能実習を開始するまでの流れには、まずは大まかに「監理団体に問い合わせる」「送り出し機関に問い合わせる」「行政に問い合わせる」という3つのパターンがあります。

パターン1：監理団体に問い合わせる

はじめに監理団体へ問い合わせ、そこから監理団体が契約している送り出し機関に連絡を取るパターンです。企業は監理団体に申し込みをするだけで、あとは受け入れる技能実習生が決定するまで送り出し機関と監理団体が動いてくれます。

このパターンは、企業自身が信頼できる監理団体を見つけた場合や、実際に技能実習制度を利用している周囲の企業から顔見知りの監理団体を紹介される場合に多いでしょう。

パターン2：送り出し機関に問い合わせる

企業が直接送り出し機関に問い合わせをして、技能実習生を受け入れるというパターンです。送り出し機関に問い合わせたあとに監理団体を選定することになりますが、送り出し機関が契約している監理団体を利用する場合と、企業が見つけた監理団体を利用する場合があります。後者では、送り出し機関と監理団体が新たに契約を交わし、技能実習生の決定に進みます。

このパターンは、独自の視点で送り出し機関や監理団体を選びたいという、こだわりのある企業が行うことが多いです。

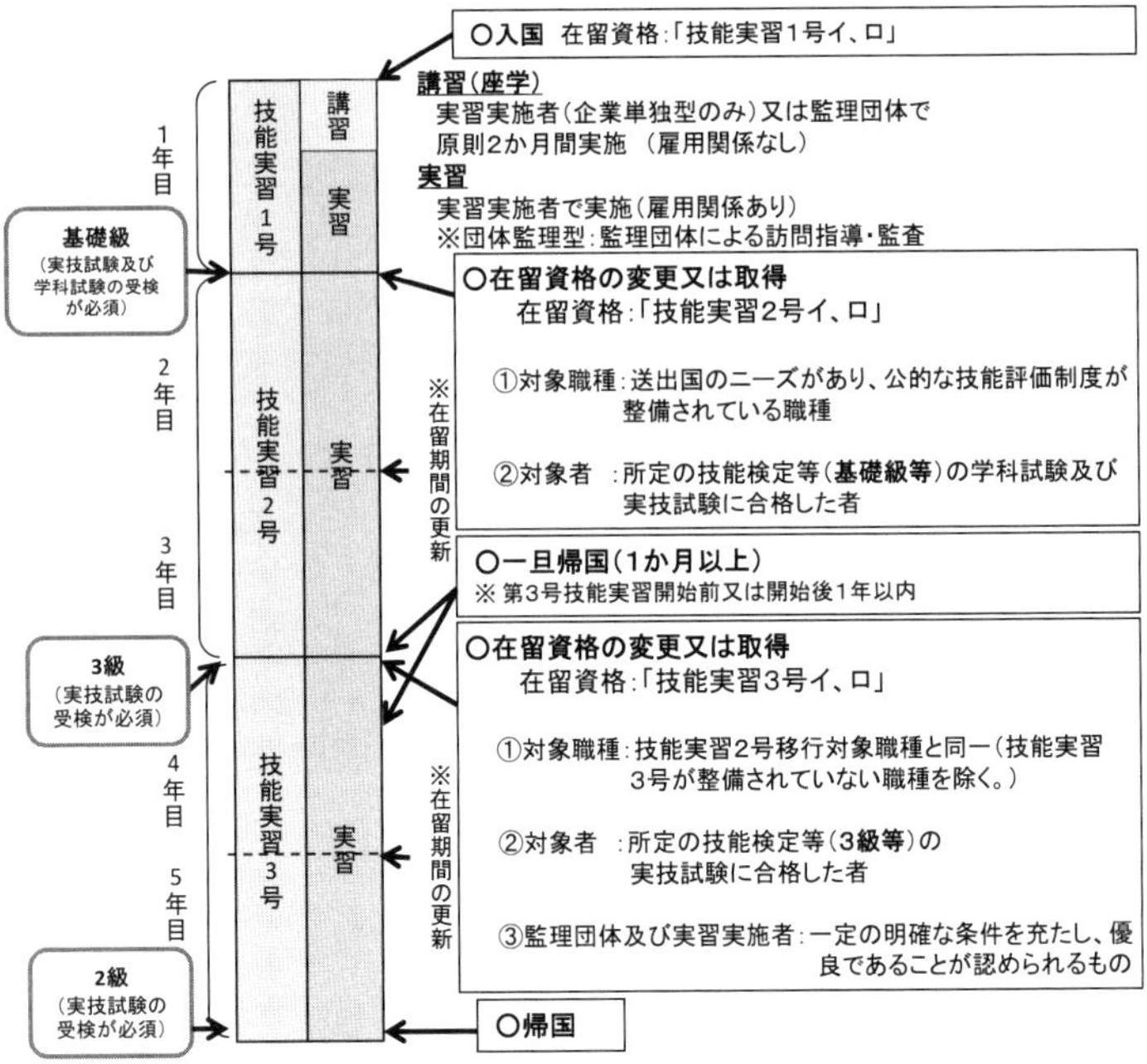
○入国　在留資格：「技能実習1号イ、ロ」
講習（座学）
実習実施者（企業単独型のみ）又は監理団体で
原則2か月間実施　（雇用関係なし）
実習
実習実施者で実施（雇用関係あり）
※団体監理型：監理団体による訪問指導・監査
1年目
2年目
3年目
4年目
5年目
基礎級
（実技試験及び学科試験の受検が必須）
3級
（実技試験の受検が必須）
2級
（実技試験の受検が必須）
技能実習1号
講習
実習
技能実習2号
実習
技能実習3号
実習
※在留期間の更新
※在留期間の更新
○在留資格の変更又は取得
在留資格：「技能実習2号イ、ロ」
①対象職種：送出国のニーズがあり、公的な技能評価制度が整備されている職種
②対象者　：所定の技能検定等（基礎級等）の学科試験及び実技試験に合格した者
○一旦帰国（1か月以上）
※ 第3号技能実習開始前又は開始後1年以内
○在留資格の変更又は取得
在留資格：「技能実習3号イ、ロ」
①対象職種：技能実習2号移行対象職種と同一（技能実習3号が整備されていない職種を除く。）
②対象者　：所定の技能検定等（3級等）の実技試験に合格した者
③監理団体及び実習実施者：一定の明確な条件を充たし、優良であることが認められるもの
○帰国

図 3-2　外国人技能実習制度について
（厚生労働省　2023 年 7 月 24 日改訂版より抜粋）

パターン3：行政に問い合わせる

監理団体や送り出し機関が分からないため、行政に問い合わせをしてアドバイスを受けるというパターンです。多くの場合、行政に連絡を取った際に、外国人技能実習機構[*5]へ問い合わせるように案内を受けるでしょう。そして外国人技能実習機構に問い合わせると、監理団体の探し方や今後の手順について教えてもらえます。このように、監理団

体や送り出し機関に直接アプローチする方法が分からない企業は、まず行政に問い合わせをするのが無難です。

また、移行対象職種一覧だけでは、技能実習制度が利用できる職種に自社が該当するのかが分かりにくく、職種で技能実習生を受け入れるべきか、あるいはそれぞれの職種で定められている必須業務をすべて自社で行えるのかなど、受け入れ企業だけでは判断がつきにくいこともあります。最初のうちは判断がつかなくて当たり前なので、分からないままなんとなく監理団体や送り出し機関を選ぶよりも、迷ったら行政の窓口に問い合わせて、相談に乗ってもらうほうがよいと思います。

4 良い監理団体を見つけるためのチェックポイント

技能実習生の受け入れを初めて検討する方や、以前監理団体の選択に失敗してしまった

＊5　外国人技能実習機構——外国人の技能や技術、知識の修得において、技能実習の適正な実施ならびに技能実習生の保護を図り、人材育成を通じた開発途上国等への技能移転などによる経済発展、国際協力を推進することを目的として設置された国の機関。

という方は、次のチェックポイントを参考にして客観的に判断し、できるだけ良いと思える監理団体を探しましょう。

ポイント1：受け入れ企業や技能実習生のことをきちんと考えてくれるか

まず、監理団体や送り出し機関が「企業が技能実習生を受け入れたら自らの役割は終わり」というスタンスではなく、受け入れ後も企業や技能実習生のことをきちんと考え、サポートしていく意思があるかどうかが重要です。

「何を当たり前のことを言っているんだ」と思う方もいらっしゃるかと思いますが、残念ながら、受け入れ後のサポートを怠る監理団体があるのも事実です。技能実習生との間で何かトラブルが生じた場合、企業がまず相談する相手は監理団体になります。そのため、受け入れ企業にとって監理団体は「いつでも相談できる相手」であることが望ましいです。

また、企業単独型の場合、送り出し機関を通じて人材を探した場合、監理団体の代わりに送り出し機関が企業の相談先となります。送り出し機関は技能実習生の母国での行いや生活・文化的背景を知る大切な存在なので、監理団体を間に挟む場合も、直接連絡を取れるかどうかを事前に確認しておくと安心です。

送り出し機関の見分け方については、後ほど「良い送り出し機関を見つけるためのチェックポイント」として説明しますので、そちらをご覧ください。

ポイント2：監理団体としてきちんと活動しているか

自社で監理団体を探す場合、その団体が現に活動しているかをチェックする必要があります。というのも、監理団体の中には、監理団体としての認可は受けていても活動の実態がない団体もあるからです。電話をしてもつながらないなど、過去の実績はあるものの現在は稼動していなかったりすると、契約できません。

監理団体には受け入れ企業への訪問義務があるため、なるべく近場にある団体を選ぶと何かと便利です。

電話でアポイントをとる際やファーストコンタクトの段階では、できるだけ相手の話し方や人柄をチェックしましょう。電話だけで話をすすめ、まったく会わずに契約するのは危険です。早い段階で必ず一度は直接会って話をしましょう。海外から外国人を呼び、長い間雇用するという大事なプロジェクトを、面会したこともない団体に任せるなど、普通に考えたらあり得ないことです。こちらから連絡したとしても、先方から会社に来てくれる監理団体であれば、信頼度が高いといえます。

ポイント3：技能実習生の生活指導まで協力してくれるか

技能実習生の生活指導までフォローしてくれるかどうかは非常に重要なポイントです。

ほとんどの技能実習生は、日本で働き、生活するのが初めてです。日本の社会や生活に慣れていません。会社としては、会社での働き方や業務全般に関する指導で手いっぱいとなり、生活面での指導まで手が回らないことがあるかもしれませんが、彼らが日本で快適に過ごし、仕事に集中できるようにするには、受け入れ企業のサポートが必要不可欠です。

多くの技能実習生は寮で生活することになります。たとえば、彼らが寮をきれいに使わず、汚したり傷つけてしまったりすると、原状回復費用などの会社の負担が増えてしまいます。このため、日本の住宅環境に慣れていない外国人に、日本の生活習慣を指導することは、コストの面でも重要です。

監理団体の中には、寮生活の過ごし方、寮内の備品の扱い方や掃除の仕方まで、技能実習生に指導してくれるところもあります。そのようなきめ細かい指導をしてくれる監理団体はおすすめです。

ただし、受け入れ企業は、技能実習生の生活指導を監理団体に丸投げしていいわけではありません。生活の乱れは、技能実習生の勤務態度や仕事のパフォーマンスに悪影響を与えることもあります。受け入れ企業は、自ら責任を持って面倒を見るという覚悟のうえで、監理団体と協力関係を築くことが重要です。

ポイント4：受け入れ企業に合った提案をしてくれるか

技能実習生の受け入れにあたって、監理団体の指導力・提案力・サポート力には大いに期待したいところです。技能実習生を初めて受け入れる企業にとっては、信頼できる監理団体の力を借りられるか否かに、技能実習の成否がかかっていると言っても過言ではありません。信頼できる監理団体かどうかを見極めるには、良い話だけではなく、受け入れ企業にとって耳が痛くなるような話や厳しい指摘をきちんとしてくれるかどうかをチェックするといいでしょう。

たとえば、外国人技能実習機構がルールを変えた場合、その変更を迅速に知らせてくれたら、受け入れ企業はすぐに対応することができます。技能実習生のトレーニングに関しても適切なアドバイスや提案をしてもらえれば、受け入れ企業にとって慣れない実習であってもスムーズに遂行できるでしょう。

あるいは、労働基準法違反を未然に防ぐような指導をしてくれたり、万が一違反があればすぐに指摘してくれるようなサポートがあれば、受け入れ企業は安心して技能実習生を迎えることができます。本当に信頼できる監理団体ほど、受け入れ企業にとって耳の痛い話もしてくれるものです。そういう団体とこそ、がっちり協力関係を結ぶべきです。

受け入れ企業は監理団体の話に耳を傾け、その指摘を受け入れるという姿勢を持つのが理想です。そのためには、監理団体自身が技能実習生制度を十分に理解しており、最新の動向をきちんと把握できていることが大切です。

さらに、契約している送り出し機関をきちんとチェックしているか、技能実習制度に違反する行為に対して指摘できる力があるか、親身になって相談に乗ってくれる姿勢があるかどうかも、信頼できる監理団体なのかを判断する大きなポイントとなります。

ポイント5：監理団体としての決まりを正しく守っているか

監理団体は、「定期的な企業訪問が必要」「通訳者と契約していること」といったさまざまな条件をクリアしなければ認可されません。しかし、認可の条件であるにもかかわらず、技能実習生受け入れ企業への定期訪問を怠る監理団体も少なからず存在します。

受け入れ企業への定期訪問とは、受け入れ企業において技能実習が正しく実施されているかどうかをチェックし、指導・助言するために、監理団体の役職員が受け入れ企業を定期的に訪問することです。現在は、技能実習1号の外国人の受け入れ企業には毎月1回の訪問、技能実習2号の受け入れ企業には3カ月に1回の訪問が義務付けられています。この定期訪問は、受け入れ企業にとっては、監理団体からのサポートを受けるチャンスでもあります。面倒だと思わずに、しっかりと定期訪問してもらい、監理団体のサポートを活用しましょう。

技能実習生を受け入れている企業は、言葉の問題で相談したいことを数多く抱えています。そんなときには、監理団体の通訳者のサポートを受けることができます。これは監理団体において、通訳業務を非常勤の職員が担当している、外部に委託しているにかかわらず、監理団体は通訳者を用意していなければなりません。

受け入れた技能実習生の母国語の通訳者が用意できていない場合は、監理団体に申し入れ、当該外国語の通訳者を用意してもらうようにしましょう。この要望に応じられない監理団体は、本来の役割を果たせないと宣言しているようなものです。契約すべき相手ではありません。

《監理団体チェックリスト》

□自社に合う職種の技能実習生を紹介してくれるか
□自社の所在地が、その監理団体の管理可能な地域に該当するか
□新規会員として入会できるか

新規会員を募集していないケースもある！

□自社が希望する技能実習生の国籍に対応しているか
□技能実習生の母国語に対応する通訳者がいるか
□監理団体としての実績や能力が自社の要望と合うか
□これまでトラブルにはどのように対応してきたか
□技能実習生が急病の場合に、病院への付き添いなどをサポートしてくれるか
□技能実習生への生活面の指導や相談を実施しているか
□受け入れ企業への訪問を定期的に行っているか

□技能実習生を本当に大切に思っているか
会話の言葉から判断！

5 良い送り出し機関を見つけるためのチェックポイント

団体監理型では、受け入れ企業が送り出し機関を選ぶケースはあまりないかもしれませんが、技能実習生に活躍してもらうためには、送り出し機関とのつながりが必要です。

監理団体と送り出し機関とでは業務が異なりますが、チェックすべきポイントは似ています。そこで、すでにご紹介したチェックポイントに加えて、良い送り出し機関を見つけるために特に注目したい2つのポイントをお伝えします。

ポイント1：日本語教育に力を入れているか

送り出し機関は、技能実習生を日本に送るまでの間に現地で日本語教育を行います。そこで受け入れ側は、技能実習生にどの程度の日本語能力を習得させているのかを事前にヒアリングしておくことが欠かせません。また、日本語教育にどのくらい時間をかけているかを聞いてみるのもいいでしょう。

日本語能力試験の級数としては、最低でもN5は欲しいところです。N5に合格するために必要な時間数の目安は150時間程度です。これを一つの基準として、送り出し機関がどのくらい日本語教育に力を入れているのかを見極めましょう。ただし、職種によっては日本語能力よりも職種に対する適性のほうが重要である可能性があります。その場合は、日本語能力よりも適性を優先して受け入れたほうがいいでしょう。

送り出し機関が担うべき最重要業務は、日本企業が募集する職種に対して適性のある人材を紹介することです。適性のない人をいくら集めても、日本の企業で長く働いてくれるとは限りません。たとえば、重量物を持ち上げるような作業の多い肉体労働系の仕事に対して、大卒エリートを集めてくるようでは話になりません。重量物を持ち上げるような仕事には、多人数の家族を抱えて生活に困窮した、発展途上国の農家や、建築会社などでずっと肉体労働をしてきたような体力のある人がふさわしく、そのような方でなければ技能実習生として長く続けるのは難しくなります。

ポイント2：過去に違反行為やお金のトラブルが発生していないか

送り出し機関が過去に違反行為をしていないか、技能実習生との間でお金のトラブルが発生していないかも、確認しておきたいポイントです。

よくあるのは、「技能実習生から報酬をもらいすぎている」「日本へ行く飛行機代を技能実習生に渡さない」といった問題です。受け入れ企業が送り出し機関に飛行機代を支払っていたとしても、送り出し機関が技能実習生に渡さずに中抜きしていれば、技能実習生は飛行機代を別途支払わなければ日本に来ることができません。このような状況には十分注意しましょう。

受け入れ企業が気づかずにいると、見えないところで重大な問題へと発展してしまう可能性があるのです。このようなトラブルを未然に防ぐためにも、送り出し機関の履歴や過去にあった違反行為、トラブルなどについても、きちんとリサーチしておきましょう。

《送り出し機関チェックリスト》

□その国の法定以上の手数料を技能実習生から受け取っていないか
□日本語教育をきちんと行っているか
□日本語教育にかける時間数はどのくらいか
□日本語教師はどのような人がいるか
□職業訓練が必要な場合は、職業訓練ができる場所との提携関係があるか
□技能実習生の来日後も、実習生をフォローするために定期的にやり取りをしているか
□技能実習生の来日後のフォローはどこまで可能か

6 こんなときどうする？ 技能実習制度にまつわるQ＆A

ここまで、一般的な技能実習制度の流れを説明してきました。そのプロセスにおいて、注意を怠るとさまざまな問題に直面することがあります。そこで技能実習制度におけるト

ラブルをQ&A形式で紹介します。

Q1．実習期間中であっても技能実習を終了し、技能実習生を退職させることができる？

ANSWER：「YES」　復帰の意思があれば尊重しよう

もし、外国人技能実習生が実習期間満了前に失踪してしまったら、受け入れ企業は監理団体に報告して退職の手続きをしなければなりません。

また、あまりにも日本語能力の上達や技能の向上が見られず、努力して身につけようという意志も感じられず、今後も能力の向上が期待できないような場合は、監理団体に相談して退職の手続きを進めることができます。

技能実習を打ち切る場合は、実習生が失踪してしまった場合（職務放棄）を除いて、実習段階に応じたそれぞれの実習期間満了時までに実習を短縮する形で対応するのが基本です。いかなるケースでも、技能実習生が実習期間満了時まで残っていない場合は、受け入れ企業が監理団体に相談したうえで外国人技能実習生機構に届出書を作成する必要があります。それを監理団体が技能実習生機構に提出し受理されれば、その技能実習生は在留資格を失うので帰国しなければなりません。在留期限を越えて日本に滞在した場合、いわゆるオーバーステイとなり、不法滞在になってしまいます。

妊娠出産や急病、ケガなどで長期休暇を取る場合で実習期間中の復帰が困難と思われる際も、同じように監理団体が外国人技能実習生機構に届け出をすれば母国で出産・育児をすることが認められます。このとき、本人が復帰を希望している場合や、期間的に復帰が可能な場合にはその要望が受理されることもあります。その際は、監理団体からの手続きと新たな技能実習生計画書の提出が必要です。

この手続きは手間がかかります。しかしながら、本人に復帰したい意思があるのならば、再審査してもらうべきでしょう。手続きに際しては、あくまでも本人の意思を尊重しながら、希望者には復帰の道を与えてあげてほしいものです。

Q2．送り出し機関から人材採用に関する具体的な提案を受けた場合、聞くべきか？

ANSWER：「YES」 信頼できる場合は、送り出し機関の話も参考になります

技能実習制度を利用する最初のステップにおいて、受け入れ企業が送り出し機関に直接

問い合わせをする場合があります。このとき、人材選びのための、送り出し機関から人材選びの方法や見るべきポイントなどについて、何らかの提案を受けることがあります。送り出し機関側は、母国の知識や背景を踏まえてアドバイスをします。

送り出し機関の強みは、その国の人材の特性や海外の事情に詳しいことです。信頼できる送り出し機関の場合、そのアドバイスを受け入れてもいいでしょう。

ただし、送り出し機関の信頼性が不明瞭な場合や、日本の事情に詳しくない場合、送り出し機関のアドバイスが日本企業にあてはまるかは、ケースによって異なります。

Q3．監理団体が介在していても、送り出し機関を指定できる？

ANSWER：「YES」　ただし、監理団体が拒否する場合もあります

制度的には、受け入れ企業が送り出し機関を指定することは可能です。ただし、これは絶対的なものではありません。両者の相性やお金の流れの問題などでうまくマッチングしない状況になる可能性は十分にあります。

監理団体への交渉次第で状況が変わることもありますが、送り出し機関の国が、その監

理団体ではこれまで対応したことのない国だった場合は、監理団体が外国人技能実習機構に新たな国の送り出し機関と取引をする旨の届出をするか、送り出し機関が指定する別の監理団体と契約するかです。早く外国人を呼びたい場合は、その送り出し機関と契約できる監理団体を探すことになります。

Q4．雇用において受け入れ企業が違法行為をしてしまったが、引き続き技能実習生に働いてもらえる？

ANSWER：「NO」別の企業で実習をしてもらうことになるケースも

絶対にあってはならないことですが、受け入れ企業が労働基準法に違反する行為をした場合、指導をし、もし実習を続けることが難しい時は、技能実習生を同じ受け入れ企業に戻さずに、別の受け入れ企業へと実習先を変更する場合もあります。

また、不正行為を行ったと認定された場合、技能実習生の受け入れが一定期間停止されるという罰則が下されます。技能実習生を受け入れる企業としては、こうした事態にならないよう、十分に注意しましょう。

外国人雇用のココがPOINT③

技能実習生にまつわるあれこれ

日本で外国人労働者が目に見えて増えてきたのは、1980年代から1990年ごろです。当時は、さまざまな国から来たオーバーステイの人々がバブル景気を支えていました。

日本企業の海外進出が1960年代後半に始まり、海外現地法人のスタッフに働いてもらう目的で日本に研修に来る人々が出てきて、1989年に在留資格となる『研修』が施行されます。そして1993年に技能実習制度ができましたが、長く彼らは「研修生」と呼ばれていました。

そのころの日本における外国人の労働環境は、月の手取り給与が5万円ほどしかなく、現在の労働基準法に守られた状況からはかけ離れた労働条件が多く存在しました。

当時、研修生人材を求めて中国へ行った経営者が筆者の知り合いにいますが、中国の空港に着くなり過剰な接待が始まり、引っ張りだこだったそうです。一方で、労働基準法で守られない研修生問題が社会的に注視されるようになり、実際に中国人労働者が裁判を起こしました。また国連が2010年に日本に対し、技能実習制度を雇用制度に変更するよう勧告する動きもありました。

現在運用されている技能実習制度は実習生と企業が雇用契約を結び、労働基準法が適用され、最低賃金が守られる内容となりました。ただし、運用が適切に行われているかどうかは企業や経営者次第という面も否めません。

そんな中、技能実習生をめぐる送り出し機関と監理団体とのトラブルも起きました。技能実習生の送り出し機関にとっての最重要人物は、求人票を持ってくる人間です。監理団体でも、監理団体と送り出し機関との間にいるエージェントでも、受け入れ企業でも関係なく、求人票を持ってくる人によって技能実習生が誕生し、それに関わる人々に報酬が発生するからです。

以前、求人票を送り出し機関に渡す日本の監理団体から、送り出し機関に対して、このようなセリフが出てきたことがあります。

「日本企業の社長たちをゴルフや夜の接待に連れていってくれるの？」

企業の社長を接待してほしい、費用は送り出し機関で捻出してくださいという意味です。

筆者はそのとき、このように要求される送り出し機関の窓口業務を行っていました。

ミャンマー人の送り出し機関の社長は、「ゴルフはがんばります。ｋｔｖ（きれいなお姉さんがいるカラオケバー）に行くこともできます。飲食代は払います。でも夜の接待の代金は出せません」と言いました。

この監理団体の代表は、海外に何をしに行っているのでしょうか？　こういう監理団体の行動が、結果として技能実習生の出国時の手数料を増やし、日本での実習生の逃走のきっかけをつくり、技能実習が国連から「奴隷制度」などとさんざん批判される原因になることをまったく理解していないのです。発展途上国の人間は、仕事を持ってくる人間に逆らえないという、「経済格差」の弱点を突く発言です。

結局、筆者はこの監理団体の代表に電話をかけました。

「求人票が多くないと、実際問題として、接待代を出すのは難しいです」

すると相手はこう返答しました。

「だから、この話はミャンマーに行って、送り出し機関の人たちにして、もう終わっているんですよ。なんでいまさらみやまサンが持ち出すわけですか？　私は接待を要求できない立場なんですから、みやまサンが言った通りの提案で契約するしかありませんね」

「接待を要求できない」と言いながら、「接待がないと契約できない」ともとれる発言でした。

いまはもはや経済的弱者に接待を強いる時代ではありません。ゴルフやナイトライフ自体を否定しているわけではなく、仕事とは別に自費で楽しめばいいのではないでしょうか。

筆者は、技能実習生を含め、外国人雇用の関係者ができるだけ幸福になる制度運用になるよう、こうした点から気を付けていく必要があると考えています。

第４章

【入国・入社前】ミスマッチを防ぐ面接術＆採用後に必要な手続き

第3章では技能実習制度について説明しましたが、職種によっては技能実習生ではなく一般的な正社員として外国人を雇用することもあるでしょう。

技能実習生や正社員を問わず、人を雇う際には必ず面接が必要です。外国人雇用だからといって「誰でもいい」という考えでは、自社に適した人を見つけることはできず、雇用のミスマッチを引き起こしかねません。新しく人を雇うわけですから、「本当に自分の会社に合った人なのか」「ある程度自社の価値観に合わせて一緒に働いていくことができそうか」を、面接を通してしっかりと見極めていくのが企業としての姿勢です。のちのトラブルを未然に防ぐためにも、面接の段階からしっかりと対策を練っていきましょう。

1 面接方法の基本

まずは、外国人雇用における面接方法の基本をご説明します。

【面接方法は対面またはオンライン】

面接は基本的には対面またはオンラインとなります。技能実習生は、採用が決まってから日本に入国するため、面接時は母国に住んでいます。面接担当者が現地を訪れることができれば対面での面接が可能ですが、現地訪問が現実的には厳しい場合、オンライン面接を選択せざるを得ません。

正社員雇用の場合は、希望者が日本に在住しているのであれば、日本人の採用と同じように来社してもらって面接をすることも可能です。

もしも就職希望者が外国（本人の母国、または他国）に滞在している場合は、オンライン面接をするか、面接担当者が現地に訪れて面接を行います。どの面接方法を選ぶかは、お互いの希望を擦り合わせたうえで決めるようにしましょう。

【オンライン面接時は相手の全身や周辺環境もチェック】

対面とは異なり、オンライン面接では、たとえば顔だけもしくは胸から上、あるいは上半身だけしか画面上で確認できないことがあります。相手の全身の姿が見えにくいのです。そのため、募集している業務内容によって、「手先が器用な人材が欲しい」「体力仕事なので体格がしっかりとしている人材が欲しい」などの要望がある場合には工夫が必要です。

相手の身体情報が必要な場合には、面接時に全身が画面上に映るように立ってもらったり、手先を見せてもらったりしましょう。

特にオンライン面接では、就職希望者の隣にアドバイザーがいるかどうかも重要なチェックポイントです。希望者の隣で回答を吹き込んでいたり、通訳をしていたりする人がいることがあるからです。まるで海外版「ささやき女将」のような人がそばで回答を誘導していたら、就職希望者の正確な日本語能力や理解力を判断することができません。

アドバイザーらしき人物が画面に映っていないとしても、画面外から小声で指示を出している場合もあるので、注意深く相手の動きをチェックするようにしましょう。もしもアドバイザーがいる場合は、そのアドバイスをやめさせて、就職希望者の生の声、生の反応、本人ならではの回答をしてもらうようにしましょう。

2 短い時間で外国人を知るための面接の心得3つ

① 長く働いてほしいなら「70点」の人を狙おう

優秀な人材を求めて、要望を言い出せばきりがありませんが、少しでも長く働いてくれる外国人労働者が欲しいなら、１００点満点の人材よりも「70点」の人材を狙うのがおすすめです。

「自分は優秀である」と自認している人は、企業に対しても高いレベルの要望を求めてきます。そして採用後・入社後であっても、自分の能力に見合った環境だと思えなければ、早々に離職してしまうことがあります。

一方で、自分のことを優秀だと思い込んでいない人の場合、企業に過度な要求をしたり、会社の体制や上司の足もとを見て態度を変えたりすることなく、与えられた環境に対して順応しようと真摯に取り組んでくれる傾向があります。

とはいえ、職種や企業によって「70点」を満たす人材は違ってくるでしょう。そこで、自社にとってどのような人物が「70点」であるのか、評価項目と点数配分を設定しておくことが望ましいです。たとえば、工場でのライン作業を主とする企業の場合、計算能力やバイタリティよりも、特定の業務遂行能力や集中力、真面目さといった部分が重要視されるはずです。こうした、自社が外国人の就労者に求める要素を洗い出し、そこに優先順位をつけてみましょう（表４-１）。

①人柄　…　10段階中　評価
②日本語能力　…　10段階中　評価
③学歴　…　10段階中　評価
④肉体能力　…　10段階中　評価
⑤社内コミュニケーション能力　…　10段階中　評価
⑥頭脳明晰　…　10段階中　評価
⑦ハングリー精神　…　10段階中　評価

表4-1　70点の人を探す評価項目リストの例

評価項目が思い浮かばない、分からないという人は、ひとまず**人柄・日本語能力・学歴・肉体能力・社内コミュニケーション能力・頭脳明晰・ハングリー精神**の7項目に優先順位をつけ、10段階で評価してみましょう。

日本の企業や監理団体は「クレペリン検査[*6]」や「性格診断」が大好きですが、これらは海外の人にあてはめた場合に有効かどうかは極めて疑問です。その国によって、生活様式や美徳とすることが異なるからです。

また評価項目の中で、学歴や頭脳明晰といった要素は、技能実習生の職種においてどの程度のレベルを求めるか、経営者自身で判断していくべきです。要するに、一般的な価値観で「すべての評価項目に優れている人」を選ぶのではなく、自分の会社の従業員たちとうまくやっていける人を選ぶことが最も重要ということです。

つまり、面接を通して「自分の会社の仕事に対して誠実な姿勢で取り組んでくれそう」と思える人材を採用することが何よりも大切です。「何でもできそう」「どこにいても活躍できそう」といった俯かん的な指標ではなく、自社に合うか合わないかで採用を決めるべきです。

② 簡潔で分かりやすい説明を心がける

日本人が日本の企業に勤める場合、どのような職業であってもだいたいの業務内容や職場環境が、なんとなくでもイメージできるはずです。ただし、外国人に対して「なんとなく分かるでしょ？」は通用しません。

採用後のトラブルを防ぐためには、面接の段階から仕事内容や職場環境についてしっかりと説明をしておくことが大切です。「うちが扱う仕事では、このような道具を使用し、仕事としてあなたにはこんなことを任せますよ」というように、一つずつ分かりやすく具

＊6　クレペリン検査――「内田クレペリン検査」のこと。日本で開発された心理検査で、「作業検査法」と呼ばれるジャンルの検査。簡単な1桁の足し算を30分間行い、全体の計算量（作業量）、1分ごとの作業量の変化の具合と計算の間違いを基に、受検者の能力と性格、行動面の特徴を総合的に測定し、判断する。

体的に説明することが望ましいのです。

また、残業時間や休暇制度、待遇といった雇用条件、入社後の住まいの情報（立地やほかに住んでいる外国人の人数など）についても、面接段階からしっかりと説明しておくことで、のちの不満やトラブルへの発展を最小限に抑えることにもつながるでしょう。

こういった事前説明が疎かになってしまうと、「思っていた仕事と違った」「自分ができる仕事とは違う」などの不満へとつながり、採用後に仕事を放棄されてしまう可能性が出てきます。

とはいえ、技能実習生であれば、まだ日本語に不自由な状態だと思いますので、長々と説明しても正しい理解が得られないこともあります。本人や通訳者が正しく理解できるように配慮し、なるべく一つひとつの説明を簡潔にまとめるようにしましょう。

《ワンポイントアドバイス》

職場環境については、言葉だけではなかなか伝わりにくいところがあるので、職場の映像や写真を用意して見せるほうが理解してもらうのが早い場合もあります。職場環境の隅々まで見せる必要はありませんが、業務で使用する器具や、従業員が仕事をしている様子などは、企業秘密の部分を除いて積極的に映すとより分かりやすくなります。
さらに、動画には面接する外国人の母国語に合わせた字幕や音声などをつけておくと、外国人側も理解しやすくなるでしょう。もし、字幕や音声をつけるのが難しい場合は、面接の前に動画を見せて、送り出し機関の通訳者に通訳していただいても大丈夫です。

③　積極的に質問するのが正解

面接時に提出される書類には、面接を受ける外国人のさまざまな情報が記載されています。履歴書にはたっぷりと情報量があるように見えるので「あまり質問しなくてもいいか」と思うかもしれません。しかし、中にはよくよく話を聞いてみなければ分からないこともあります。書類を表面的に眺めただけでは、その人を理解するのは難しいものです。

相手のことをより知るためには、面接時に積極的に質問しましょう。質問数が多くても一向にかまいません。書類を見て、少しでも分からない点があれば「ここには○○と書かれていますが、どういうことですか？」「この体験について具体的に教えてください」などと質問を投げかけ、本人の口からしっかりと説明してもらうようにしましょう。

③　ミスマッチを防ぐ面接術　〜技能実習生の場合〜

あなたの会社とマッチする外国人労働者を見つけるためにも、効果的な面接術を身につけましょう。相手が技能実習生であるか、または正社員希望であるかによって面接までの流れや面接時のチェックポイントが変わってきます。まずは、技能実習生を受け入れる場合からお伝えします。

【STEP①】事前資料から本人情報を取得

技能実習生の受け入れは、面接に向けて資料を事前にチェックすることから始めます。資料として前もって受け取れるのは、履歴書、顔写真、家族リスト、国民登録ナンバー、パスポート情報、本人の学歴証明書などです。履歴書には生年月日や年齢、学歴、宗教、渡航履歴、日本語能力試験の結果、眼鏡やタトゥーの有無などが記載されているので、しっかりと目を通しておきましょう。

技能実習制度には学歴要件がないため、学歴欄はさらっと目を通す程度で済ませてしまう人もいますが、中退履歴がある場合については、家族の経済的理由か、もしくは本人に起因する理由かといった違いもありますので、忘れずにチェックしましょう。

また、家族リストからは希望者の親族の情報が分かります。「働くのは本人なのにどうして家族の情報が必要なの？」と思われる方もいるかもしれませんが、出身地の経済状況や、家族と親族の人数や就職状況は本人の働くモチベーションやハングリー精神に直結するため、企業としてはきちんと把握しておきたいところです。

開発途上国の人々が日本に働きに来る理由は、「親に楽をさせるため」というケースがほとんどです。筆者は一人の人材を支援するということは、そのご両親などご家族を支援することと同じだと捉えて、日々、外国人と企業とのマッチング業務を行っています。

【STEP②】事前資料の情報が合っているかを確認する

いよいよ面接です。まずは履歴書を見ながらさまざまな質問を投げかけると思いますが、ここで注意したいのが、履歴書の内容と本人の回答が一致しているかどうかです。

中には職歴や学歴をうまく伝えられない技能実習生候補者がいたり、学歴を途中までしか書いていない送り出し機関があるのも事実です。そのため、会社側は候補者の正確な情報を取得するように努めなければいけません。

書面に記載されている内容と事実が違っていたり、情報が不正確だったり、不足していたりする場合もあるのです。基本的な内容については一つひとつ尋ねながら、正しい情報であるかどうかをしっかりと確認しておきましょう。

【STEP③】回答から候補生の「モチベーション」をチェック

技能実習生になる外国人の中には、技術の習得以上に「お金を稼ぐこと」を目的としている人々がたくさんいます。そういう候補者は、仕事へのモチベーションも高めです。それを踏まえて、候補生に聞くべき質問は次のとおりです。

《候補生に聞くべき3つの質問》

▼「なぜ、日本に来たいのですか?」

まずはなぜ日本に来たいのか、その理由を尋ねてみましょう。どうして日本に来てまで働きたいのか、という真の動機があるはずなのです。その真の「日本に来たい理由」というのは、そのまま仕事へのモチベーションに直結します。

「家を買いたいから」とか「将来は独立して自営業を始めたい」「家族を養いたいから」などといった「お金を稼いで自分の夢を叶えたい」という意欲がある人は、仕事へのモチベーションも高いと捉えてよいでしょう。

「不動産を購入したい」とか「将来は独立して自営業を始めたい」といった理由で日本に来たい場合は、資金を溜めるために、ある程度長期間にわたって日本で働く必要があることを自覚しているはずです。このような候補生は、長期間働いてもらうことができるだろうと判断できます。

「家族を養いたい」という場合は、兄弟や姉妹の職業や親の資本力などをヒアリングしておきましょう。家族の中で働き手が自分しかいない、あるいは親の収入がとても少ない場合などは、必死に働くでしょう。家族の収入状況を知ることで、本人の働く意欲や必然性、モチベーションの高さを測ることができるのです。

▼「将来、何がしたいですか？」

将来、何をしたいのか──。本人の夢の大きさによっても、働くモチベーションが左右されます。「将来の夢は？」と聞かれて戸惑ったり、すぐに達成できそうなレベルの夢しか語れない場合、日本で長く働けるハングリーさを持ち合わせていないかもしれません。しかし、「起業したい」「習得した日本語を生かして母国で働きたい」など、日本に来ることで叶えられる夢を語る候補生もいます。日本で稼いで貧困から脱却したいという強い思いがあるかどうかは、大事なチェックポイントです。

ほとんどの技能実習生は、親元を離れて初めて外国で暮らすことになり、仕事も初めての人もいます。生半可な気持ちの人は、長続きしなかったり、すぐに弱音を吐いてしまう可能性もあります。ですので、日本で働くことに強い意欲があるかどうかを見極めるのはとても重要なのです。

▼「日本に家族や親戚はいますか？」

日本に家族がいるかどうか、さらには家族がいる場合は、その家族の在留資格の種類を尋ねるようにしましょう。技能実習、特定技能1号、留学、の場合、基本的には家族帯同が認められていませんが、別個にさまざまな在留資格を持って家族が日本に在住しているケースがあります。たとえば、兄弟が日本人と結婚していて日本人の配偶者としての在留資格を持っているとか、親戚のおじさんやおばさんが定住者の在留資格を持っているという場合もあるのです。

単身で日本に来て、その人が一人で家族の収入を担っている場合、簡単に仕事を放り出したり、逃げ出したりすることはできません。しかし、もし日本に別の家族の一員がいるという場合は、別の働き手が存在するということになります。各家庭によって事情は異なりますが、もしも仕事がいやになった場合、すぐに辞めてしまってもいい環境かもしれません。あくまでもその人の状況や性格によりますが、たった一人で来日している人より、ハングリーさに欠ける可能性はあります。

日本に家族がいる人は採用すべきではないというわけではありませんが、本人の労働意欲に関係することなので、採用するにあたって知っておきたい情報の一つです。面接の段階では必ず「日本に家族や親戚がいますか」と質問してみましょう。


【ステップ④】自社の職種に合わせて実技試験＆適性検査を行う

建設業や農業など、体力が要求される職種の場合は、面接の場で体力をみる実技検査として、一定時間の腕立て伏せや腹筋を行ってもらう場合があります。また、手先の器用さを必要とする職種の場合、穴の開いたパーツに棒を通す、制限時間内にシール貼りをしてもらうなどの実技検査を行えば、手先の器用さや行動の機敏さ、作業スピードなどがチェックできます。

計算力が求められる職種の場合、一般的な計算問題や実際の現場に即したオリジナルの計算問題による筆記試験を実施してもいいでしょう。採用するにあたって、一定の能力が必要とされる場合には、自社の職種に合わせた検査を実施しておけば、採用した後で「能力不足だった」と後悔せずにすむはずです。

実技試験または適性検査を実施したい場合は、あらかじめ、送り出し機関と監理団体との間で情報を共有しておきましょう。

もちろん、どうしてもテストだけでは適性を測れないことがあります。たとえば性格診断のような適性検査は、日本人の採用において実施されることが多いですが、外国人に対して実施するのが適切かどうかは疑問です。そもそも適性検査における質問の意味そのものが分からない外国人が多く、行動規範が異なるために何をもって良しとし、何をもって悪いとするのか、国によっても宗教によっても異なります。このようなあいまいさの残る診断をすることに意義があるかどうかは、十分に検討したうえで判断してください。

【ステップ⑤】説明した内容をきちんと理解できているかを再チェック

最後に、仕事内容や雇用条件の説明を候補者がきちんと理解できているかどうかを、もう一度確認するようにしましょう。候補者はまだ日本語が不自由なために、よく理解できていないことに対しても「分かりました」と返答してしまうことが多々あります。少しでも理解できていない素振りがあれば、不明な点を確認して、根気よく説明しましょう。賃金や就業規則などの雇用条件は、候補者にとってとても重要な情報となりますので、確実に伝わるよう、必ず通訳者から彼らの母国語で話してもらいましょう。

技能実習生の面接では、面接終了時にその場で合否を判定し、結果を候補者に伝えるケースが多いです。そのためにも、技能実習生として受け入れる候補者に対し、最後に「本当に自社で働きたいと思っているか」を再確認しましょう。

4　ミスマッチを防ぐ面接術　～正社員雇用の場合～

続いては、日本人と同じように、正社員として直接的に雇用する場合の面接術についてご説明します。

【STEP①】直属の上司の意向を考慮し、できれば面接に参加してもらう

面接は経営者や人事担当者だけが参加すればいいと考えてはいませんか？　しかし、実際に一緒に働き、多くの時間を共にするのは経営者ではなく従業員のほうです。外国人労働者を現場できちんと受け入れられるように体制を整えるためにも、求職者が正社員として入社した場合に上司となる従業員が、外国人の部下を受け入れられるかを判断したほうが外国人入社後の業務や定着はスムーズに進みます。できれば、その従業員に面接に同席してもらうことが望ましいでしょう。

【STEP②】履歴書や職務経歴書の内容を口頭で確認する

正社員雇用の面接は、基本的に日本人の場合と同じ流れと考えていいです。面接を受ける側は履歴書や職務経歴書を用意するか、紹介会社が求職者データを企業に提供するので、書類からどのような人物であるかを把握しましょう。

技能実習生の面接時と同様に、履歴書や職務経歴書に事実と異なる情報が記載されている可能性もあるので、必ず本人に口頭で確認を取るようにしましょう。学歴や職歴も、日本の基準で考えるとさまざまな点で異なる場合があります。たとえば、基礎教育期間に落

第した事実があったり、「ホテルの受付業務を行っていた」と言っても、業務内容において日本での業務とは異なる部分があり、経験の内容はまちまちだったりします。よって、経験職種についても、どのような業務に取り組んだことがあるのかを具体的に聞いていくと、求職者の経験の「濃度」が分かってきます。

【STEP③】出身地や家族構成を尋ねる

正社員雇用では技能実習生が提出するような事前資料がないため、面接を受ける外国人の出身地や家族構成、親族の就職状況については本人に尋ねない限り分かりません。

出身地からは、その地域の経済状況や宗教などが見えてきます。そのうえで、家族の人数や親の資本力、教育費がかかる兄弟がいるかといった情報を聞き出すことができれば、相手が「どうしてもお金を稼がなければいけない」という状況であるかどうかを把握しやすくなります。仕事へのモチベーションチェックにもなりますので、聞き忘れないようにしましょう。

先進諸国では、「出身地や宗教、家族構成を求職者に聞くのは差別につながる」という考えがあります。しかし、差別する意図ではなく、自社にとって適切な人材を選ぶために、求職者の生活環境を聞くのは極めて重要です。特に、日本と宗教観が異なる人材が来るのですから、その人材を迎え入れる環境を用意するためにも、面接で人材のバックグラウンドをより深く知るようにするのは、人材の長期雇用につながると筆者は考えています。

【STEP④】質問から求職者の「定着性」をチェック

企業側としては、一度採用したらできる限り長く働いてもらいたいものです。そこで、面接を受ける外国人の「定着性」を測る質問を投げてみましょう。絶対に聞いておきたい3つの質問は次のとおりです。

▼Q1．日本には「家族で住みたい」と考えていますか？

単身ではなく家族で日本に住みたいと考えている外国人労働者は、長期的な日本滞在を希望しているので、短期で母国に帰国する可能性が低いと考えられます。

ただし外国人が長期滞在するかどうかは、その人の母国の経済状況や、日本政府の外国人政策によって変化しますので、一概には判断できないこともあります。ここでは、あくまで開発途上国から来た外国人で、現時点で母国の通貨と日本の通貨との差があり、日本の通貨の価値が高いことを前提としてお話しています。

たとえば、子どもを母国から日本に呼ぼうと考えているならば、子どもが成人するまでのおよそ十数年間は少なくとも日本に定住したいと考えている可能性もあるでしょう。これから家族を母国から呼びよせる場合は、働く外国人の家族にのみ適用される「家族滞在」[*7]というビザ（在留資格）を利用することになります。

この在留資格では、仕事の安定性や家族の滞在生活費を十分に確保できることが要件となり、在留資格を維持するために仕事を継続しなければならないので、簡単に仕事を辞めることができなくなります。

独身の場合には、今後の結婚予定や婚約者の就職状況についてもヒアリングするといいでしょう。外国人就労者の中には、「パートナーが就労可能な在留資格を取得していないから自分が取らなければいけない」という理由から、正社員を希望している人もいます。正社員として就労可能な在留資格を取得したうえで、それを維持するために長く働かなけ

＊7　家族滞在——就労ビザを取得して日本で働いている外国人の家族のために用意されたビザ（在留資格）。この場合の「家族」は配偶者と子どもを指し、兄妹姉妹や父母は含まれない。家族滞在ビザは、家族として日本で一緒に暮らすために認められる。

ればならないわけですから、在留資格の条件だけで見ると、会社への定着率が高いと見込めます。

▼Q2．将来、どんなことをしたいですか？

彼ら、彼女らのキャリアビジョンがどれほど具体的であるかは、仕事へのモチベーションにつながっているので、しっかりと確認しておきましょう。

人によっては、「将来は独立したい」とか「技術を学んでから起業したい」というキャリアビジョンを描いている場合もあります。自社にとって独立志向のある人材を採用すべきかどうか、採用する場合、どのように処遇するのかについてもしっかりと考えたいところです。

▼Q3．この会社で何年働きたいですか？

長く働いてもらえるかを見極めるために、「日本に何年滞在したいと考えていますか？」と質問することがありますが、必ずしも「日本に滞在したい年数」＝「この会社で働きたい年数」であるとは限りません。ここは、本人の意思や考えを聞くためにも、遠まわしな言い方ではなく、「この会社で何年働きたいですか？」とダイレクトに聞いてみましょう。

この質問によって、相手が「永住権」の取得を希望しているかどうかが見えてきます。永住権は、原則として日本に10年以上継続して在留しており、なおかつ10年間の中で、5年以上は技能実習と特定技能1号以外の就労資格または居住資格によって在留していることを条件に取得できる権利です。

永住権を取得した後は、安定した正社員にこだわる必要がなくなるため、賃金や自由度を優先して正社員を辞め、アルバイトに転職する外国人も一定数います。このように永住権の取得を目指している場合、最短5年間で会社を離れてしまう可能性があるのです。

勤務希望年数が短期間でも、希望年数に達した後にまた別の正社員を確保できるのであれば問題はないかと思います。しかし、先のことは分かりません。もしも5年以上働いてほしいと考えているのであれば、本人の意志をしっかりと見極める必要があります。

【ステップ⑤】自社の職種に合わせた実技試験＆適性検査を行う

必要に応じて、自社の職種に合わせた実技試験や適性検査を行いましょう。基本的には技能実習生の面接時に行うものと同じで結構です。

【ステップ⑥】説明した内容をきちんと理解できているかを再チェック

こちらも技能実習生の面接時と同じです。正社員の募集に応募する外国人の場合、技能実習生のように日本語が話せない人よりも、すでに日本で働いていた経験や留学していたことによって、日常会話レベルの日本語が話せる人のほうが多いです。

しかし、日本語が話せるからといって、込み入った内容を耳で聴いて理解できるかどうかは別問題です。

ある企業で、新たに雇った外国人の話す日本語がそこそこうまいので、それほどうまいのであれば理解できるだろうと思い、仕事内容や雇用条件を細かく説明したそうです。「分かりましたか？」と聞けば、「はい、分かりました」とはっきり返事をしました。十分理解してくれたと思っていたら、後で確かめたところ、実際にはあまり理解できていなかったそうです。そのようなことがあるため、相手が技能実習生ではなくても、これまで説明した内容をきちんと理解できているかを確認するようにしましょう。

正社員雇用の場合は、その場ですぐに合否を伝える必要はなく、日本人の場合と同様に面接日からある程度の期間を経て合否を伝えても構いません。3日から1週間程度、遅くても10日以内に合否を連絡するようにしましょう。その際には、自社で働きたいという気持ちが変わっていないかどうかを再確認することもお忘れなく。

5 採用から入社までの過程とよくあるトラブル事例

面接が終われば、あとは入社するまで待つだけ……と思っていませんか？

面接後はビザの申請や引越し作業など、入社に向けてさまざまな手続きや準備がスタートします。ここで、これから一緒に働く外国人をサポートしていくこともまた、受け入れ企業の務めです。入社までの過程を疎かにしてはいけません。

次に、採用から入社までの大まかな流れを示します。

【技能実習生】

採用内定者は、採用内定後に現地で日本語を勉強し、技能実習生としての在留資格を取得しなければなりません。そのため、採用から入社までにおおよそ半年の期間を要します。

その間に会社が行わなければならない手続きの流れは、次のとおりです。

技能実習計画の作成と責任者や指導員の選任
←
技能実習計画認定のための必要書類の提出
←
在留資格認定証明書の交付申請
←
在留資格認定証明書の取得
←
宿舎と生活に必要なものを手配

では、具体的にどのような手続きや対応が必要となるのか、一つひとつご説明します。

■技能実技能実習計画の作成

技能実習生を受け入れる際には、適正な技能実習を行う目的のもと、どのような実習をどのようなスパンで実施するのかを計画し、それを受け入れ企業が書類として作成して、外国人技能実習機構へ提出しなければなりません。監理団体の指導や協力を仰ぎながら作成しましょう。厚生労働省のホームページでは、技能実技能実習計画書のモデル例が掲載されているので、左記を参考にしてみてください。

▼厚生労働省「技能実習計画審査基準・技能実習実施計画書モデル例・技能実習評価試験試験基準」

https://www.mhlw.go.jp/stf/seisakunitsuite/bunya/koyou_roudou/jinzaikaihatsu/global_cooperation/002.html

■責任者や指導員の選任

技能実習計画認定を受けるには、技術実習責任者、技術実習指導員、生活指導員の選任が必要となります。常勤役職員の中から各1人以上を専任してください。

技能実習責任者とは、円滑かつ適正な技能実習が実施できるように管理・監督する人のことです。認定においては、主務大臣が告示した養成講習を受講したという「修了書」の添付が必要となります。

技能実習指導員には、技能実習生が修得する実技などを5年以上経験している人を起用します。介護職の場合、指導員は介護福祉士の資格を持つ人に限定され、実習生5人につき1人以上を選任しなければなりません。

最後に、生活指導員は、実習生の日常生活全般において指導管理を行う人です。こちらにおいては能力的な条件はありません。ただしこれは、書面に名前を書いておけばいいというものではありません。技能実習生の入国後、何年にもわたって継続していく仕事です。技能実習生の指導やサポートに適している人材を選ぶようにしましょう。

■必要書類の提出

技能実技能実習計画書と併せて、記載した内容を証明するための書類や資料の提出が求められます。

受け入れ企業が法人の場合、

・登記簿謄本

・直近2事業年度決算書の写し（貸借対照表、損益計算書または収支計算書、確定申告書、納税証明書）
・役員の住民票の写し
・技能実習指導担当者の履歴書
・技能実習指導担当者の健康保険の被保険者証などの写し
・生活指導担当者の履歴書
・生活指導担当者の健康保険の被保険者証などの写し

といった書類が必要です。

なお、受け入れ企業が個人事業の場合は、個人事業主の住民票写しと直近2事業年度の納税申告書の写しが必要となります。

提出が必要な書類については、ＯＴＩＴ外国人技能実習機構のホームページに記載されていますので必ず確認しましょう。こちらの申請は、技能実習開始予定日の6カ月前から4カ月前まで申請可能です。

▼ＯＴＩＴ外国人技能実習機構「技能実習計画の認定申請／計画の変更関係」

https://www.otit.go.jp/youshiki_01/

■在留資格認定証明書の交付申請

実習計画が認定されると通知書が交付されます。そして技能実習生が入国するためには、地方入国管理局から在留資格認定証明書の交付を受けなければなりません。

技能実習計画の認定通知書を添付し、地方入国管理局に在留資格認定証明書の交付申請を行いましょう。審査結果が出るまでには3カ月ほど時間がかかるのが一般的です。在留資格認定証明書が発行されたら、採用内定者がビザを取得できるよう、監理団体から送り出し機関に送付します。

■宿舎と生活に必要なものを手配

技能実習生の住まいは雇用主（企業側）が提供することが必須となっています。さらに住まいには条件があり、住居の部屋の広さは、原則1部屋について2人以下、1人当たり4・5平方メートル（約3帖）以上を満たしていなければなりません。これに加えて、徒歩または自転車通勤が可能な距離で、夜間通勤がある場合はそれにも配慮した場所を探すことになります。

多くの場合が借り上げ物件、もしくは寮の一室を提供しています。また、同時期に入国する技能実習生は、同一物件に居住することが多いです。もし賃貸物件を使用する場合は、契約名義は受け入れ企業の名義となりますので注意しましょう。

費用についても細かな指定があります。寮費は実費を超えることが認められておりません。家賃・共益費などを入居する技能実習生の人数で除した額以内であり、一般的には2万円以下で設定されます。そして、借り上げに要する費用には、敷金・礼金・保証金・仲介手数料などは含まず、水道・光熱費は、実際に要した費用を同じ宿泊施設に入居する人数で除した額以内とも決められています。

住まいの用意と併せて、冷蔵庫や洗濯機といった生活家電、調理器具、寝具、掃除用具、生活用品といった生活の必需品も受け入れ企業側が用意することになります。これらを一式そろえるには時間がかかりますので、前もって準備を進めていくようにしましょう。

【正社員】

就労できる在留資格をあらかじめ持っていない人を正社員として雇用する場合、採用から入社までの期間はおよそ2～3カ月程度かかります（在留資格取得のためにかかる時間は前後することもあります）。

その間に、企業側が行わなければならない手続きの流れは次のとおりです。

雇用契約書の作成

↓

就労できる在留資格の申請

↓

在留資格の取得

↓

入国or入社・雇用開始

技能実習生受け入れ時の手続きや工程に比べて、正社員雇用でやるべきことはとてもシンプルです。具体的にどのような手続きや対応が必要となるのかを詳しく見てみましょう。

■雇用契約書の作成

雇用契約書は、就労ビザを申請する際に必要となる場合があるため、就労ビザの申請前に作成しておく必要があります。雇用契約書の作成方法は、基本的に日本人向けに作成するものと同じで構いません。

雇用契約書では、労働基準法施行規則にも基づいて、

・労働契約の期間
・就業の場所
・従事する業務の内容
・始業時刻／終業時刻
・所定労働時間を超える労働の有無
・交替制勤務をさせる場合は交替期日あるいは交替順序等に関する事項
・休憩時間
・休日／休暇
・賃金の決定／計算方法
・賃金の支払い方法
・賃金の締切りと支払いの時期に関する事項
・退職に関する事項（解雇事由を含む）

の12項目の記載が義務付けられています。

ここで気を付けておきたいのが、雇用契約書の「従事する業務の内容」欄です。ここに記載する内容が、外国人の学歴や職歴に関連した内容でないと在留資格を取得することができません。それぞれ漏れがないようにきちんと記載しておきましょう。

■就労のための在留資格の申請

外国人の採用内定者に働いてもらうには、就労のための在留資格が必要となり、会社の所在地を管轄する入国管理局に申請します。自社がどこの入国管理局の管轄となるかは、出入国在留管理庁のホームページで確認できるので、あらかじめ調べておきましょう。

就労のための在留資格を申請するときは、採用内定者の現在の在留資格に応じて、必要な手続きが異なります。特に転職の場合は、これまで何らかの就労系の在留資格を取得して働いていた方も多いです。就労資格は職種を考慮して発行されるため、現在の採用内定者が有する就労ビザのまま就労できるかどうかをチェックしなければなりません。

次に、日本に留学中の留学生を新卒採用する場合です。留学生が保有する「留学ビザ」

を技術・人文知識・国際業務ビザなどへ変更するための手続きが必要となり、おおむね3カ月前から「在留資格変更許可申請」が可能となります。

また、海外に在住する外国人求職者を採用する場合には、ビザ申請をして技能実習生の受け入れと同様に、「在留資格認定証明書」を日本の入国管理局に発行してもらう必要があります。在留資格認定証明書が発行されたら、それを採用内定者に送付し、本人に現地で就労ビザを申請してもらうことになります。

ビザ申請について分からないことがあれば、専門の人材紹介会社に手続きしてもらうのも一案です。

■雇用開始

就労資格の申請を行うと、その可否は入国管理局で審査されます。許可が下りればそのまま雇用開始となります。外国人を雇用する際には、ハローワークへの届出が法律上義務付けられています。雇用保険に加入すると自動的にハローワークへの届出となります。

6 採用後のトラブルをなくすために企業ができること

これまでの日本では、「一度内定通知を出せば入社は確定しているようなもの」といったイメージがありました。しかし、外国人を採用する場合には、採用から入国までに一波乱も二波乱も起きることがあり、採用決定通知後にもかかわらず入社しない、入社できないなどといったトラブルになるケースもあります。

技能実習生または正社員として気持ちよく入社してもらうために、会社はどのように対応していけばいいのでしょうか。

採用したのに入社できない？ 採用後によくあるトラブルとは

代表的な事例としては「在留資格の申請で許可が下りない」というケースです。採用内定者の学歴や職務歴と採用職種に関連性がない場合や、企業の財務状況に安定性がない、採用内定者に前科があるといった場合には、就労資格が取得できません。

就労資格が取得できない状態で働かせてしまうと、不法就労の外国人を雇用したことになり、不法就労助長罪が適用され、事業主に3年以下の懲役または300万円以下の罰金が科される可能性があります（出入国管理及び難民認定法第73条の2）。

また、面接時に聞いていた雇用条件と書面で示された雇用条件の内容が異なっていたり、給与が極端に少なかったりすると、会社への不信感を持ち始め、採用後すぐに転職してしまう人もいます。「面接して採用したから終わり」ではなく、その後も採用内定者に信頼してもらえるような態度と行動を意識する必要があります。

外国人を問題なく受け入れるために、採用から入社までの間に企業側がすべきことを次にまとめました。

【技能実習生】

■入社前に雇用契約や仕事の内容を再度説明する

面接段階で雇用条件や仕事内容をしっかりと伝えており、書類の写しを渡していたとしても、採用内定者がきちんと理解できているとは限りません。こちら側が誠意をもって説明したつもりでも「聞いていた話と違う」と抗議されてしまうことは、よくあります。

このような場合に「いやいや、きちんと説明しましたよ」と言えるように、入社前にもう一度口頭で雇用契約や業務の内容を伝え、理解できているかどうかをチェックしましょう。より誤解がないよう、通訳などを通じて母国語で説明できるとなお好ましいです。これは送り出し機関が行うことが多いので、送り出し機関が労働条件を実習生に伝えているか、入国前にいま一度確認するとよいでしょう。

■技能実習生の親にも雇用条件や仕事内容を伝える

自分の子どもが見知らぬ土地で働くわけですから、親としては「子どもが不当な待遇を受けていないか」と心配になってしまうのも無理はありません。

より正確な情報を伝えるためには、会社から提示する雇用条件や仕事内容は、もし機会があれば、技能実習生だけでなくその親にもきちんと説明するのが望ましいです。

■最低賃金以下の給与を設定しない

「最低賃金以下の給与を設定する会社なんてあるの？」と驚く人もいますが、実際に外国人労働者を最低賃金以下で働かせている会社は一定数存在します。日本では最低賃金法に基づいて、最低賃金以上の給与を払わなければいけないルールがあります。さらに、国籍で給与に差をつけることや、日本人より低額の給与に設定することも認められていません。賃金の低さは、技能実習生をはじめ外国人労働者が最も不満に感じやすいポイントです。少なくとも最低賃金を下回ることがないように、いま一度給与設定を見直しましょう。

■実習開始前の技能実習生には監理団体経由で連絡を

企業によっては、「入社前に特別研修を受けてほしい」「業務に向けて勉強をしてほしい」といった要望があり、実習開始前に技能実習生と連絡を取りたいという場合もあるでしょう。

このような場合は、技能実習生へダイレクトに連絡を取るのではなく、監理団体や送り出し機関を通すようにしましょう。直接連絡を取ったとしても、言葉の壁によって正しく意思疎通ができず、伝えたいことがきちんと伝えられない可能性が高いためです。しかるべき機関を通してやり取りするほうが、確かな情報が伝わりやすく、トラブルや混乱を避けることにもつながります。

■こまめに進捗状況を確認する

技能実習生の在留資格の申請や実習開始に向けた諸々の手続きには時間がかかるため、報告を待つ技能実習生側からすると、「手続きがきちんと進んでいるのだろうか？」と不安に感じてしまうものです。

彼らになるべく不安を感じさせないためにも、こまめに監理団体と連絡を取り、各種手続きの進捗状況を確認するのが一番です。そして、具体的な進捗状況を送り出し機関を通じて技能実習生にも伝えてあげるようにしましょう。

【正社員】

続いては、正社員雇用の場合です。採用から入社までにすべきことは次のとおりです。

■内定書・雇用契約書を必ず本人に見せる

正社員雇用では、入社前に雇用契約や仕事の内容を再度伝えることに加えて、内定書や雇用契約書を必ず本人に見せるようにしましょう。

複数の会社から内定をもらった外国人求職者の中には、雇用契約書の有無やその内容によって働きたい会社を最終決定する人も多くいます。

内定書や雇用契約書を見せるのは、雇用にまつわる情報を再確認しやすくなるだけでなく、「きちんと情報を開示してくれている」という安心感を与えることにもなります。

■「手取り20万円」以上の給与に設定する

外国人の給与水準が低すぎる場合や、同じ職種の日本人と比べて不当に低い場合は、就労資格の取得が難しくなります。

本稿執筆時点(2023年)、文系職種の正社員雇用では年収300万円以上を目安とし、最低でも月給20万円以上の給与に設定することが望ましいです。そして、同じ職務で日本人向けにも求人を出している場合は、外国人向けの求人内容も同等の待遇でないといけません。待遇に差別があると不満やトラブルを招くことになるため、「私の給与のほうが低い」と言われないよう給与設定にも注意が必要です。

■給与の内訳や天引きの仕組みなどもていねいに説明する

正社員でも技能実習生でも、基本給や各種手当が含まれた「支給額」から、社会保険料や住民税といった「控除額」、さらに年金などが天引きされた金額が毎月の給与として払われます。日本で働く人にとっては当たり前の仕組みですが、外国人にとってはなじみのないものであり、「不当にお金を引かれている」と捉えてしまう人もいます。

給与の内訳はもちろん、天引きの仕組み、各種手当の金額などをていねいに説明し、それぞれどのような理由で引かれているのかを伝えておくことが大切です。

■就労ビザの申請状況を本人に伝える

就労資格の取得には一定の時間がかかります。申請期間中に採用内定者から何度も問い合わせの連絡を受けたという会社も多いです。それもそのはず、外国人にとって就労資格は、日本において働いていいという在留資格であり、命に関わる大切なものです。就労資格を取得できなければ、日本で働くことも滞在することもできず、強制的に帰国させられてしまうからです。

しかし、在留資格申請において詐欺行為を働く会社が存在するという実態があり、「本当に在留資格を取得できるのか？　その手続きを進めてくれているのか？」と不安に思う外国人も少なくありません。

このような不安を取り除くためにも、ビザ申請時に入国管理局から発行される受付証は採用内定者に見せるようにしましょう。申請受付票が発行されれば、必ず在留資格取得の結果は出てきます。採用内定者本人にもこうした情報を伝えてあげるようにしましょう。

■ビザ申請は外国人労働者本人にさせない

外国人労働者本人にビザ申請を任せる会社もありますが、日本でビザ申請を行うことは、外国人にとって想像以上にハードルが高いものです。書類の記載や手続きにおいて不備があれば、正しく就労資格を取得できない可能性があるからです。

自社の人員で対応できるようであれば、自社でビザ申請を行ってもいいですし、社内の人員での対応が難しい場合は、行政書士や人材紹介会社に一任するのがいいでしょう。

外国人雇用のココがPOINT④

面接からビザ申請まで、外国人の採用は日本人とは「まったく異なる」

面接の仕方や在留資格の申請にかかる一連の手続きなど、外国人の採用は日本人の採用とは異なる場面がかなりあります。面接については「日本人も外国人も同じように接しなければならない」と思われる読者もいらっしゃるかもしれません。ですが、端的にいうと日本人は「やりがい」「好きなこと」を仕事に求めている場合が多く、経済格差がある国から来る外国人は「家族を養うこと」を目的に日本に来ているケースが多いので、そもそも仕事に対する目的意識やモチベーションが異なります。よって、面接を同じ方法で行う必要はまったくないと筆者は思うのです。

さらに、在留資格申請の手続きに関しては、日本人が思うほど容易なものではありません。日本人にとって、外国人が就労するために必要なビザ申請は「単なる手続き」ですが、日本で長く働き、母国の家族を養いたいと考える外国人にとっては、ビザ取得は「命をつなど「こと」にほかなりません。命をつなぐために、彼ら、彼女らは必死で就職先を探しており、在留資格の申請に際しては、息をつめて結果を待っています。

日本企業は、外国人が就労ビザを取得するための手続きを「単なる手続き」と捉えてビザ申請にあたっていると思われており、外国人内定者から「あの書類は大丈夫ですか？」「いま、どのくらい申請手続きは進んでいますか？」と、筆者もかなり頻繁に質問されることがあります。

このときに、日本人は「申請書類をちゃんと整えて手続きしているのに、なぜ外国人はこちらの動きを何度も確認するのか？」と疑問に思うことがあります。

しかし、彼ら、彼女らの立場になって考えると「家族を養うためのチャンスがいま、目の前にあって、このチャンスで失敗はできない」と、かなり深刻に状況を捉えている場合が多いのです。ですから、日本企業で外国人を雇用する場合、彼ら、彼女らの状況をよく考慮して、外国人の質問にもできる範囲で答えながらビザ申請手続きを行うと、企業側と外国人側との双方に齟齬が生まれにくいと思います。

筆者の会社では、日本企業の内定を受けた外国人のビザ申請時に、ビザ申請支援を行うことがありますが、その際は外国人からの質問や問い合わせを当社でまとめて引き受けるようにしています。そのほうが、日本企業側の負担が少なくなるからです。

また、就労ビザやほかのビザでも、ビザには期限があり、期限が切れる3カ月〜1カ月前に、ビザ更新の手続きが必要になります。

「外国人の自立を促すために、ビザの更新は自分でやってもらっています」と言う企業の人事担当者がいるのですが、筆者はこの考え方には疑問を感じています。

なぜなら、ビザの申請や更新は、手続きに慣れていない場合、日本人でもなかなか難しく、母国語が日本語でない外国人なら、なおさらです。自立を促すシーンは、ビザ申請でなくても、仕事の現場でたくさんあるはずです。

もちろん、日本語が非常に達者で、ビザの更新をスムーズにできる外国人もいますので、この点については、外国人と一言でくくっても人それぞれなのは事実です。ですが、ビザの更新もまた、母国の家族を養っている外国人従業員からすると「家族の命綱の更新」であることに変わりないので、自力でビザの更新が難しい従業員に対しては、更新に必要な書類を作成してあげて、従業員は最寄りの入管に持っていくだけにするなど、配慮が必要な場合も多いです。ご自身の会社の外国人従業員が、何ができて、何ができないか、コミュニケーションを取りながらきちんと見極めつつ進めていくのが肝要です。

第５章

【入国・入社後】スタートが肝心！外国人材を迎えるための準備と施策

さまざまな手続きを終えてようやく入国・入社まで辿りついたら、就業開始まであと少しです。まだ本格的に業務が始まっていないこの時期は、のちの人材定着において重要な鍵を握っています。

何事も最初が肝心というように、よりよい体制と環境を整えた状態でスタートを切ることができるかどうかで、その後の外国人労働者のモチベーションや離職率も大きく変わってくるのです。

1 働く外国人がストレスを溜めないための方策とは

新しい環境で働く外国人たちが少しでもストレスを溜めずに過ごせるよう、仕事と生活の両面から、アプローチをしましょう。ここでは、外国人の就労者に向けて大切にしていただきたい2つの方策をお伝えします。

■仕事・業務のていねいな指導

外国人にとって日本は異国です。文化も違えば習慣も違い、言葉からしてまったく違うのです。当然、働くことの意義や価値、常識とされる考え方も異なります。まったく異なる土台に立っている外国人を相手に、「こちらの意を察して気づいてほしい」という日本流の態度で仕事を教えてもうまくいくはずがありません。

ガソリンスタンドでの従業員の仕事を考えてみましょう。日本では、お客さまが来たらすぐに立ち上がり、走って行きます。そして大きな声で挨拶し、対応するというのが一般的です。しかし海外ではそんなことはせず、座ったまま応対する国もあります。それで構わないという考えです。同じ仕事であっても、日本と海外では、その仕事に求められる働き方や価値観がまったく違うのです。

日本人が相手なら二言三言で理解されるようなことも、異文化で育った相手には1から10まできちんと説明しないと正しく理解してもらえません。そのことを念頭に置いて、仕事や業務はていねいに指導する必要があります。経営者の方をはじめ、外国人を受け入れる企業側の人たちには、そのような心づもりでいてほしいのです。

最初のうちは誰かが手本を見せないとできないことも多いので、口頭だけの説明で完結するのではなく、説明と併せて手本を見せてあげましょう。そのほうが見てまねることができるので、外国人にとってもより分かりやすいはずです。

また、日本語で説明する場合は、相手がどこまで理解しているのかを、話の途中できちんと確認することも大切です。「何度も確認されると失礼だと感じるのでは？」と不安になるかもしれません。しかし、彼らにとっては外国語で受ける説明です。相手が理解できているかを確認することは悪いことではありません。ミスや間違いを起こさせないためにも意思疎通を図り、どんな小さなことでも確認を取りましょう。

■生活面も可能な限りサポート

日本語が堪能な外国人であれば問題ないのですが、そういう人ばかりではありません。日本語があまり話せなければ、私生活でさまざまなトラブルに見舞われてしまいます。

技能実習生の場合は会社があらかじめ外国人の住居を用意しますが、社会人の場合、外国人本人が住まいを探さなければいけません。ですが、日本語があまり話せない状態では、不動産会社とのやり取りや契約手続きなどがスムーズに行えません。彼らが路頭に迷わないよう、大切な従業員の一人として、経営者の方は、生活面も可能な限りサポートするように努めてほしいと思います。

「外国人だからといって甘やかしすぎじゃない？」

「日本人従業員には、そこまで手厚くケアしていないので、外国人にだけ会社がサポートするべきなの？」

という意見も耳にしますが、サポートする対象を「外国人の就労者」から「車椅子の従業員」に置き換えて考えてみてください。車椅子の方が少しでも快適に過ごせるよう、バリアフリー環境を整える企業が増えています。これは「甘やかし」となるのでしょうか？

筆者はそうは思いません。

外国人一人ひとりの状況に合わせてサポートすることは、従業員を扱う者の義務ともいえます。こうしたサポートまで配慮できる企業こそ、長期的に働いてくれる外国人の就労者を獲得できるのだと思います。

2 入国から受け入れまでに企業ができる6つのこと

続いては、技能実習生のように入社を目的に初めて日本を訪れる外国人のために、入国から受け入れまでの間に企業ができることを6つお伝えします。

①入国時にはお迎えに行く

初めて海外に行ったとき、見知らぬ土地、慣れない言語が飛び交う環境に不安を感じたことはありませんか？

入社のために日本へ来る外国人たちも同じ心境です。「右も左も分からない環境下でこれから生活をしなければいけない」という不安を抱えて、来日してくるのです。

そんな彼らを温かく迎えるためにも、入国時には空港までお迎えに行ってあげてください。技能実習生の場合は監理団体や入国後1カ月講習を受ける研修所の人が迎えにいくケースが多いですが、お迎えの人がいない場合は、受け入れ企業の人間が迎えに行くのが理想です。

筆者が知るケースでは、「入国時に担当者が空港に時間どおりに迎えに来てくれなかった。空港で待たされて心細かった」と、何年も思っていたりすることが実際にあり、それが離職したいときのグチの一つになることもあります。

お迎えに行くときは、事前に「誰が・いつ・どこに迎えにいくのか」を明確にし、本人と共有しておきましょう。また、すぐに連絡が取れるよう、お互いの連絡先を控えておくほか、フェイスブックメッセンジャーやLINEなどのビデオ通話ができるインターネット通話ツールを事前に共有し、日本到着時に使用できるように準備しておくと、より安心です。

お迎えに行くメンバーの中に、外国人の母国語が話せる人や本人と問題なくコミュニケーションが取れるような人がいることが望ましいですが、もしいない場合は、通訳者に同行してもらうか、通訳者と入国する外国人がインターネットツールでつながっているような状況を作りましょう。どうしても人手が足りずお迎えに行けないという場合は、外国人人材紹介会社や監理団体といった然るべきところに一度相談し、協力を求めましょう。

早朝や深夜など、入国の時刻が勤務時間外になることもあります。勤務時間中であれば、社内の人間が対応できる態勢を取りやすいですが、何かあったときに勤務時間外であっても、職場にいない場合であっても対応できるようにしないといけません。具体的には、個人で所有するデバイスを使って、インターネットツールで連絡を取り合えるようにしておくということです。SNSのメッセンジャーを使用できるなら、事前にSNSでつながっておくのも手です。

不測の事態に備えるためにも、連絡の取れるいくつかの手段を用意しておくことです。

②入国・入社後の諸手続きに全面的に協力する

入国・入社後は役所での各種手続きや、銀行口座の開設といったさまざまな手続きを行うことになります。

諸手続きは日本人であれば難なく進められるでしょうが、日本に来て間もない外国人にとってはかなりハードルの高いものです。手続きに時間がかかればかかるほど、働くまでの期間が長引いてしまいますし、もし手続きに不備があれば働くことすらできなくなる可能性もあります。

さまざまなトラブルを未然に防ぐためにも、本人に任せっきりにするのではなく、正しく手続きが進められるように会社をあげて全面的に協力しましょう。

③日常生活におけるルールを教える

日常生活の中には、普段意識していないだけでさまざまなルールが存在するものです。

しかし、異文化で育った外国人にとってはすべて初めて経験するものであり、ルールが分からなくて当然です。

彼ら、彼女らが日本の生活にできるだけ早く順応できるよう、生活に必要な基本ルールを教えましょう。公共交通機関の乗り方や自転車の乗り方、ゴミの出し方といった基本的な生活知識から、「脱いだ靴を下駄箱に入れる」「夜間は騒がない」といったルールまで、日本で生活するうえで気を付けなければいけないことや守らなければいけないルールを一つひとつ教えましょう。

④母国での食生活に近い環境づくりをサポートする

日本と海外では食生活や食文化に大きな違いがあります。来日当初は、日本の食事が口に合わず、ほとんど食べられるものがないという可能性もあります。ですから、外国人のほとんどは自分の口にあった、母国での食生活を再現するために自炊をしています。このような外国人の生活を考慮して、海外の食材を取り扱うスーパーマーケットをピックアップして彼らに紹介したり、調理器具を用意してあげましょう。

また、彼らが入国してから住まいを新規契約する場合、母国での生活に近い環境を整えられそうかどうかは重要なポイントです。業務用食材を扱うスーパーや食材が安く手に入る食材店が勤務地や寮の近くにあると喜ばれます。さらに、勤務地と寮、それらの店が自転車で回れる範囲にあれば万全です。

農業・食品加工の小規模な企業で働く技能実習生の中には、その土地ならではのおすそ分け文化にあずかり、食材がとても安価で手に入ると言って喜ぶ場合もあります。

筆者の知る、ある企業の技能実習生たちは、米は社員や地元の知り合いの農家から手に入るのでほぼタダ、寮の目の前の竹藪から自然のままの筍を収穫したり、食品加工の現場で出てくる肉の切れ端を集めて食べたりして、食費はほとんどかからない生活をしています。そこで働く技能実習生や特定技能の人々は、食費が浮いた分だけ貯金ができるため、当然のように長い間辞めずに働いています。

⑤外国人の就労者を取りまとめる担当者を決める

外国人従業員の指導やサポートを誰が担当するのかは、外国人が入社する前に決めておきましょう。外国人対応は時間が拘束されやすく、時には就業時間外の対応を求められることもあるため、一人の担当者にすべての指導とサポートを任せるのは無理です。担当者は必ず複数にしてください。複数の担当者が交代制で担当し、負担を分散させるようにしましょう。受け入れる外国人と意思の疎通を図らなければならないので、外国語で対応できる従業員を担当者にするのがベストです。しかし、そのような人材がいない場合は、翻訳アプリや各種の翻訳ツールを活用するという方法もあります。また、外部機関の通訳者を活用することもできます。

いずれにせよ、言葉の壁を越えるべく、何らかのかたちで外国人従業員といつでも意思疎通が図れるようにしておきましょう。

⑥相談窓口を設置する

外国人の就労者全体を取りまとめる担当者のほかに、彼らが何か困ったり悩んだりした場合に利用できる「相談窓口」の設置も必要です。相談窓口は、彼らが入社してすぐに利用できる体制を整えておくのがベストです。

多くの企業では、人事担当者が担っていますが、適した人材がいれば、部門や役職は問いません。また、前述した外国人就労者を取りまとめる担当者が兼任するというパターンもあります。

もし相談された内容に分からない点があったり、専門知識を必要とすることがあれば、上司や専門知識を有する機関、専門家などに相談しましょう。

外国人雇用のココがPOINT⑤

入国時の迎えが重要な理由とは？

外国からの人材は成田空港に着いたときには、片言の日本語しか話せなかったのに、2週間後にはいくつかの単語をつないだ文章を話せるようになっていたりします。若さと気合と、母国に残した家族を養うためのハングリーさで、どんどん日本語を吸収しているわけです。それを見た筆者の会社のスタッフが、

「いやあ驚いた。入国日に迎えに行って、配属先の企業まで一緒に電車で行ったときは全然日本語が話せなかったのに、数週間経ったらもうコミュニケーションできるようになっている」

とつぶやきました。

でもそんなハングリーさを、「外国人材はこのくらい日本語を覚えて当たり前」と思ってはいけないと思います。この学習能力の高さは、彼ら、彼女らが日本に希望を抱いてい

る証です。日本にまだ労働人材を引き寄せる「国力」が残っている証拠です。来てくれた人は大切にしないといけません。シンガポールやカナダなどは、外国人材を引き寄せようとして高給を出したり、ビザ要件を緩和したりと、上手です。人材獲得におけるライバル国の施策のほうが、日本より優れているのは事実です。

成田空港に、入国したばかりの技能実習生を迎えに行ったとき、彼らの目がとても輝いているのをよく見ます。彼らは何百人かの候補者の中から「(働いても働いても豊かになるのは難しい) 地獄から日本にやってくる」チケットを手にした人々です。

こういう実習生に、生活様式のまったく違う日本での生活で、彼らにとって不当な扱いが生じたら、彼らの目の輝きは失われてしまうでしょう。来日の瞬間の、空港の迎えが大事だと筆者が主張するのは、この、彼らの目の輝きを保ちたいと思うからかもしれません。彼らの期待を裏切りたくないのです。

筆者は、日本に来てくれて、日本で日常生活を送ることで日本経済を活性化させ、将来の日本を一緒に支えてくれる人たちに感謝のこころを伝えたいと思い、空港に迎えに行っています。

第6章

そこに愛はあるか？
外国人たちに長く働いてもらうための秘訣と条件

外国人たちに長く、快適に働いてもらうために、そして日本人の従業員たちも含めて全員が良い関係を築き、前向きな気持ちで仕事に取り組めるような職場環境を提供するために、経営者としてどのようなことに留意すればいいのでしょうか。

1 働く外国人たちが重視する3大要素を把握する

もしも自分がほかの会社で働くことになったら、どんな会社なら長く働き続けたいと思いますか？

「給与がいい」「オフィスがきれい」「人間関係が良好」「仕事内容にやりがいを感じる」などなど、さまざまな意見があると思いますが、外国人たちもそう考えるとは限りません。

多くの外国人就労者たちが重視するのは、大きく分けて賃金・在留資格・職場環境の3つです。それぞれの充実具合によって、長く働きたいと思えるかどうかが決まると言っても過言ではないでしょう。

なぜこの3大要素が重視されるのか、詳しく見てみましょう。

【賃金】

開発途上国から来る外国人の就労者たちが最も重要視するのは、やはり賃金です。彼ら、彼女らの多くは、自分の生活費だけでなく、家族やパートナーを養うためにお金を稼ぎに来ています。たとえいまはまじめに働いていて特に不満がないように見えても、ほかに賃金の高い会社が見つかれば、高い収入を求めて転職しようと動き出すでしょう。

近年は正社員の賃金相場として「20万円程度」という認識が外国人の間に広まっており、それ以上の賃金を払ってくれる企業を探している外国人が増えています。

【在留資格】

外国人にとって賃金と同じくらい大切なのが、在留資格です。技能実習生の場合は技能実習、正社員の場合は就労資格を取得することができますが、在留資格は日本に住み続けるために必ず必要なものです。

しかし、在留資格の更新や取得には時間と手間がかかるため、後回しにしたり、疎かにしたりしてしまう会社も存在します。そのため、在留資格の申請や更新にきちんと対処してくれる会社であるかどうかは、外国人労働者にとって長く働きたいと思えるかどうかの重要な判断材料となるのです。

【職場環境】

現行では技能実習生であれば最低でも3年間、正社員ともなればより長い期間を同じ職場で過ごすわけですから、働きやすい職場環境であるかどうかも重要視されます。

従業員同士の人間関係が悪い職場や、人権侵害やいじめが横行していたり、自分ができる仕事を与えてもらえなかったりする職場は、いやがられます。もっと条件がよく、健やかに働ける職場を探して離職してしまう外国人を筆者はよく見てきました。

外国人にとって働きやすい職場環境とは何かをよく考えて整備していけば、それは同時に日本人にとっても働きやすい職場をつくることにつながります。外国人の長期雇用を考えるならば、ぜひとも職場環境の整備に取り組んでください。

[2] 離職を防ぐには「賃金」の見直しを

外国人たちが不満を抱えやすく、離職の大きな原因となるのは、やはり「賃金」の問題です。第2章でもお伝えしましたが、外国人の就労者に長期的に働いてほしいと思うのであれば、この問題から目を背けてはいけません。

しかし、外国人材を求める会社の中には、人件費を抑えざるを得ない中小企業も多いはずです。自社の資金状況を考慮しつつ、外国人の賃金ニーズに応えるにはどのように考えていけばいいのでしょうか。

最低賃金に照準を合わせた給与形態では人材は定着しない

「最低賃金は払っているのだから、法令には違反していない」と考える経営者がいます。最低賃金は地域によって異なり、同じ職種や業務内容であっても大都市と地方とでは格差があります。そこに合理的な理由があるとしても、外国人が納得するかどうかは別です。

外国人は、しばらく日本で生活すれば、地域によって賃金格差があることをやがて知るようになります。外国人同士のコミュニティの中では、互いの賃金に関する情報を交換し合うのは珍しくありません。これが日本人との違いです。日本人は互いの賃金を教え合うということは、よほどの仲がいい者同士でなければありえません。しかし、多くの外国人は互いの賃金の額を話し合うことに抵抗がないのです。いま働いている企業よりも高待遇の会社があることを知れば、不満を持ったり転職したくなるのは当然です。

東京以外の地方の企業経営者が、「その地域の最低賃金を支払っているから問題ない」と考えたとしても、外国人従業員が東京の賃金水準を見聞きすれば、自社の賃金が不当に低いものだと考えてしまう可能性があるのです。

地域で定められた最低賃金を守るだけでは外国人従業員は定着しない、と考えて間違いありません。外国人従業員の定着率を向上させたいと思うのであれば、最低賃金以上の給与を支払う意識を持ちましょう。最低賃金を考慮する場合、少なくとも東京の最低賃金を基準にしたほうがいいでしょう。

業務レベルに応じた昇給システムで離職を防止

賃金は、働く外国人にとって最大のモチベーションとなります。そこで提案したいのが、業務レベルに応じた昇給システムの導入です。

すでに職務や能力に応じて昇給する給与制度を運用している企業もあるとは思いますが、年齢による年功序列の給与制度を採用している企業の場合、日本で働き始める年齢がそれぞれの外国人によって異なるため、給与と実態が合わない場合もあります。

ですから、外国人の達成度に合わせて、段階的に昇給していく制度に切り替え、「**頑張れば昇給できる**」という環境を作ることがベストです。もちろん、業務だけでなく、会社のルールを守っているかどうかも審査基準に含めて構いません。

もしも賃金を上げたければ、昇給のルールや人事評価制度をよく理解して働かなければいけないということを、外国人に分かりやすく示していくことが大切です。それをしっかりと行えば、外国人はルールを理解したうえで積極的に仕事に取り組んでいくことができます。そうなれば、賃金に対する不満から離職してしまう外国人を減らせるでしょう。

賃金を上げられない理由を説明する

賃金を上げられない場合は、その理由を外国人本人に説明しましょう。会社の経営的な問題なのか、職務と能力の水準が昇給の基準に達していないからなのか、あるいは外国人従業員の会社への貢献度が足りないからなのか――。昇給しない理由を理解し納得すれば、外国人本人も今後どのように行動していけばいいかが見えてくるはずです。

経営状況が良くないために賃上げの原資が確保できない、というのが昇給できない理由であれば別ですが、従業員本人の能力や達成度などが理由であれば、今後外国人従業員がどのようにすれば給料が上がるかを提示することが重要です。外国人従業員に対して何をどうすべきかを明確に示し、仕事に対する前向きな姿勢を引き出しましょう。理由によっては離職を防げる可能性もあるため、きちんと説明をするに越したことはありません。

日本全体が物価高となっているにもかかわらず、長年勤めていても給与がなかなか上がらない状況はあり得ます。景気が落ち込み、企業の業績が上がらず、外国人従業員の昇給ができない、ボーナスの金額も上げられないことも実際にはあるでしょう。昇給しない理由については、会社の業績や具体的な数字などを示してきちんと伝えるべきです。

「差別」と「区別」の違いを伝える

同じ職場の従業員間で給与の差があると、「差別だ」と主張する外国人就労者が出てくることがあります。しかし実際の業務内容を見てみると、業務の負担量が明らかに違っていたり、外国人就労者の見えないところで、賃金の高い従業員のほうが重要な仕事を任されていたりします。そのような実態を外国人就労者がよく理解していないとき、不満が出てきます。

このような場合、経営者は指導者として**「差別」と「区別」の違い**をきちんと教えなければいけません。職務内容全体を説明したのち、「いまあなたが担当している仕事は全体の仕事量のうちの何%で、その評価に応じた給与を支払っています」ということを、分かりやすく提示しましょう。

逆に、外国人就労者がほかの外国人や日本人と同じ業務をしていたり、ほかの従業員よりも重要な仕事をさせているにもかかわらず、ほかの外国人や日本人よりも賃金が低いという場合は、不当な「差別」と言わざるを得ません。すぐに是正しないと、やがて彼らはいなくなってしまうでしょう。

3 働く外国人にとって残業が大切な理由と注意点

日本では、残業に対して良いイメージを抱いていない人が多いと思います。しかし、稼ぐことを目的に日本に来ている外国人にとって、残業はお金を稼ぐためにも大切な時間であり、率先して残業をしたいと希望する人も多いのです。

残業を希望する外国人就労者と、働き方改革などに基づいて残業に厳しい日本の労働環境。このような中、企業として、経営者として、どのように外国人就労者の残業と向き合っていけばいいのか、筆者なりの目線でアドバイスさせていただきます。

希望者には残業をさせてもOK

残業を希望する外国人従業員には、残業をお願いしても構いません。そもそも日本で残業が問題となっているのは、残業をしたくないと思っている人、もしくは残業を続けるほど体力がない人に無理やり残業を強いるからです。「残業をしてお金を稼ぎたい」と希望する健康な方に対しては、無理に残業をさせない理由はないはずです。

残業によって生産量が増え、売上が上がるならば、その分企業利益の拡大にもつながります。もちろん、外国人労働者の中には残業を希望しない人もいるので、必ず本人の希望を聞いたうえで、残業させるかどうかを判断しましょう。

また、残業の有無は労働のモチベーションにも関わるため、入社前に伝えてあげるといいでしょう。

残業の上限時間は厳守

外国人の就労者が残業を希望したとしても、労使間での「時間外労働協定（36協定）」の締結と、所轄労働基準監督署長への届け出がなければなりません。

36協定では、時間外労働を行う業務の種類と1日、1カ月、1年当たりの時間外労働の上限などを設定します。ただし36協定が締結されても、残業時間の1カ月の上限は45時間、年間で360時間までとされています。

繁忙期などでこれ以上の残業が必要となり、外国人従業員が残業を希望する場合は、会社側が届け出をすることによって、36協定の特別条項を適用すれば、法定休日労働を除いて最大720時間の残業が可能となります。

また、1カ月当たり45時間を超える時間外労働ができるのは、年に最大6回までと決められています。なおかつ、法定時間外労働と法定休日労働を合わせた労働時間を1カ月当たり100時間未満に抑えることも条件となります。

会社側が時間外労働の上限を守ることはもちろん、**外国人就労者にも労働時間の上限に**

ついてしっかりと説明し、理解してもらえるまで繰り返し伝えましょう。

残業代も給与の一部として必ず支払うこと

ここまで読んで、「残業代を支払うなんて当たり前」と思った人はとても真っ当な人だと思います。しかし現実問題として、外国人労働者の残業代が支払われないというトラブルが多発しています。

外国人にとっては、基本給の賃金が低いから残業したいわけであり、残業代が出ないとなると、そもそも日本に来た意味がなくなります。そして残業代が支払われない場合彼らは、最低賃金や残業代が高い企業へと移動してしまいます。

もし、残業代が変動しやすい場合は、一度社会保険労務士に問い合わせて法令上の問題がないかどうかを確認すると安心です。

4 長く働きやすい社内体制づくりに必要な9つの条件

自分が外国人の立場だった場合、どんな企業なら長く働きたいと思いますか？

そうイメージしながら、長く働きやすい社内体制づくりに必要な9つの条件をチェックしましょう。

①母国語の業務マニュアルを用意する

多くの企業では、従業員用の業務マニュアルを用意していると思います。しかしそれは日本人向けにつくられているので、当然日本語で書かれています。外国人を雇用するならば、彼らの母国語に翻訳した特別仕様の業務マニュアルを用意する必要があります。

自社で作成できない場合は、翻訳サービスを行っている会社に依頼しましょう。こういった部分にコストや手間をかけられるかどうかで、外国人従業員からの信頼度が変わってきます。

②「共通認識」で理解不足&作業ミスを防止

特に機械を使用した業務が必須となる職種では、外国人従業員がスムーズに作業を行えるように、ボタンやスイッチの付近に「止める」「運転」といった文字を書いている会社も多いのではないでしょうか。ところが、ひらがなや漢字は外国人にとって親しみがなく、一度覚えてもすぐに忘れてしまうため、あまり有効とはいえません。

そこで、**ひらがなや漢字の代わりにアルファベットや記号を代用する**という方法があります。作業工程をA・B・C・Dなど分かりやすい言葉や記号に振り分け、「Aを押したらBを押す」というように作業を簡略化して伝えるのです。実際に外国人を採用する多くの企業では、このような「**言語標準化**」が推進されています。

ほかにも、仕事への姿勢・業務内容・業務プロセスの3つの項目において、現場で働く日本人と外国人が同じ認識を持つことができれば、どの業務においても同じゴールを目指せるようになるはずです。外国人就労者も、自分がどのように働けばいいかを理解しやすくなり、認識不足による作業ミスの防止にもなります。

仕事への姿勢はそれぞれの国の働き方によっても異なるため、指導する際には「作業中はだらだらしない」「座らずに、立ったまま仕事をする」といった基本中の基本から共通認識を深めていくことをおすすめします。

③職務内容を明確にして伝える

外国人の就労者を指導するにあたって、「まずは1つ目の作業ができるようになってから次の作業を教える」といった方法で進めている場合、いったいどのくらいの業務量を覚えなければいけないかの見通しが立たず、外国人就労者のモチベーションが下がってしまいがちです。

外国人を相手に職務内容を説明するときには、いまからやる業務内容と今後やらなければいけない**業務全体の概要をイメージしやすいように**しっかりと伝えましょう。マニュアルなどを通してすべての職務内容を伝えることで、外国人就労者も業務全体を見据えて行動できるようになり、教育もスムーズに進みます。

④業務分担量を調整する

彼ら、彼女らを成長させるためにも、まずは**業務分担量を調整**します。本人にとってレベルが高い仕事内容であっても、きちんとこなせる量を考慮して配分するといいでしょう。その後、状況を見ながら分担量を増やし、ゆくゆくはほかの従業員と同じ業務分担量を任せるのが理想的です。

また、スムーズにできない仕事があったからといって、その仕事をすべて取り上げるのは絶対にＮＧです。苦手そうであれば、まずは取り組みやすい仕事から任せ、徐々に新しいことにチャレンジしてもらうといった仕事の流れや段取りを組むことが大切です。

⑤職場環境に問題がないか、定期的な見回りを

外国人従業員がある程度仕事ができるようになったら、現場をあまり見ないという経営者もいます。しかし仕事ができるようになった分、受注件数を増やしたところ、仕事がうまく回らなくなってしまった、従業員同士が対立している——といった新しいトラブルが発生する場合があります。

外国人就労者の習得度にかかわらず、常に従業員の様子や業務状況を把握することは経営者の務めです。「常に上司に見られている」という緊張感によって職場環境を律するという意味でも、**職場環境の定期的な見回り**は欠かせないでしょう。

⑥相談窓口をきちんと機能させる

入社前に設置した相談窓口も、きちんと機能していなければ意味がありません。一度相談を受けてアドバイスをしたにもかかわらず、外国人従業員がアドバイスに沿った行動を取らなかったため、相談の受け付けをやめたというケースがあります。相談窓口はあくま

で、「困ったときに頼れる場所」であることが大切です。相談を拒否してしまっては元も子もありません。

「良かれと思ってアドバイスしたのに拒否された」というケースもありますが、家庭の事情やセンシティブな話題に関しては、他人に触れられたくないと思うのも無理はありません。一度断られた、あるいは受け入れられなかったからといって感情的な判断で諦めるのではなく、相手からのSOSはいつでも受け入れるというスタンスで、相談窓口を機能させましょう。

また、**緊急対応が必要な場合の連絡先**も、事前に教えておきましょう。急な出来事にも対応できるよう、経営者、外国人従業員を取りまとめる担当者や上司など、それぞれの連絡先を教えておくといいかもしれません。

技能実習生の場合は、監理団体に在籍する通訳者が彼らの相談相手を担うことにはなっていますが、技能実習生も自社が抱える従業員の一人です。すべてを監理団体任せにするのではなく、企業側でもできる限りのフォローをする姿勢が大切です。そうすれば、昼夜を問わずに対応してくれる人がいることのありがたさを実感するのではないでしょうか。

⑦いじめやけんかにはすぐに対応する

従業員同士のいじめやけんかが発覚したら、すぐに経営者や現場責任者が対応しましょう。いじめやけんかの多くが、育ってきた環境や母国の文化の違い、それに伴う**理解の不一致といったお互いの認識不足**から生じています。その状態で対立しているうちは、当人同士では解決できません。

まずは当事者同士を引き離し、必要に応じて別の仕事を割り振って接点を減らします。そして被害者・加害者の両方から個別に話を聞き、いじめやけんかの原因を探ります。

たとえば「何度も教えることに対してストレスが溜まり、いじめに発展した」という場合は、加害者に指導の負担がかかりすぎていることが原因なので、指導者を増やすなど局所的な負担の軽減に努めなければいけません。単なる当事者間の理解不足という場合もあれば、現在の会社の体制が原因となっていることもあるので、従業員同士のいじめやけんかは放置せず、迅速に対応することが欠かせません。

⑧通訳者と連携を図る

主に技能実習生や特定技能外国人を受け入れる場合に、監理団体や登録支援機関を通して通訳者と連絡を取る機会が多くなります。通訳者は企業と技能実習生との間を取り持ってくれる重要な存在です。そのため技能実習生の味方ばかりをするのではなく、自社への理解や従業員への思いやりがある、**「6（会社）：4（外国人）」の割合で物事を考えてくれる人**が理想的です。

当然このような理想を叶える通訳者と初めから出会える確率は低いですが、やり取りを重ねるうちに信頼関係を構築していけば、しっかりと連携が取れるようになると思います。通訳者ならではの立場に配慮しながらも、会社と技能実習生との間を上手に取り持ってくれるような存在に方向づけていく意識を持ちましょう。

⑨「社内トラブルは公にされる」というリスクを意識する

少し脅しのように聞こえてしまうかもしれませんが、会社の不当な待遇や給与・残業代の未払い、従業員からのいじめなどの社内トラブルに耐えかねた外国人従業員が、**インターネットやSNSで実態を拡散したり、労働組合に相談したりして大事になった**というケースも少なくありません。トラブルの規模によっては、外国人就労者や技能実習生の新規受け入れが停止となることはもちろん、経営の悪化や社会的信用の喪失にまでつながってしまう恐れがあります。

労働基準監督署や監理団体からの監査に対して口裏を合わせようとしても、外国人就労者は本音を話すことが多く、隠ぺいはできません。そもそも隠ぺいするつもりでは、彼らにとっての良い会社になる体制づくりもできませんし、人材定着など夢のまた夢です。

「世の中に拡散する」「いまの状況を変えたい」と思うからには、それ相応の理由があります。もしかしたら、会社の体制や社員が法令違反をしている可能性が高いので、自社の仕事内容や職場環境が法令違反をしていないか、社会保険労務士や監理団体といった然るべき機関に定期的にチェックしてもらうといいでしょう。

5 待遇が良いのになぜ？ 経営者が見直すべき外国人就労者との向き合い方

外国人就労者への待遇が良いはずなのに、人材が定着しないと悩んでいる企業は少なくありません。そこには、企業方針や業務内容に関与することではなく、「人」にまつわる問題が隠れているかもしれません。

そこで、人材の定着がうまくいかない企業に潜む、見直すべきポイントを2つお伝えします。

①「思いやり」がない会社は人材が定着しにくい

待遇が良いはずなのに外国人材の定着がうまくいかないという場合は、経営者や日本人従業員の「思いやりのなさ」が原因であることが考えられます。

「自分が育った土地だから」「自分のほうが仕事歴が長いから」といった理由から生まれがちな**〝日本人のほうが優位性がある〟**という思い込みは、口に出さなくても自然と態度に出てしまう思考であり、会社の体制にも反映されてしまうものです。

そういった不当な待遇や対応が、彼ら、彼女らの離職数や定着率の低さに直結しているのです。個人の能力の差はあれど、外国人も日本人も同じく〝人間〟であり、対等な存在です。そこに優位も劣位もないのです。

②長く働いてもらいたいなら手間を惜しまずに

人と人がよりよい関係を育んでいくには「時間」と「きっかけ」が必要です。さらに、日本人と外国人では育ってきた環境も話す言語も異なるわけですから、双方の心の距離が近付くまでにはそれ相応の時間がかかるでしょうし、歩み寄るきっかけもなかなか自然には発生しにくいものです。

彼ら、彼女らから信頼される快適な職場環境を作るには、会社側の努力が絶対的に必要となります。そして、それは誰かが手間をかけなければ実現しません。外国人に長く働いてもらいたいと思うのならば、その手間を惜しまないことが重要です。「そんな時間はないから」と切り捨てるのではなく、将来のために手間をかけるようにしましょう。

6 外国人就労者との絆を深めるための秘訣

ここまでのお話で、企業で働く外国人に対して愛情を持って接することが、人材定着の鍵となることはご理解いただけたのではないかと思います。続いては、経営者と従業員として、心と心の距離を近づけるために、外国人就労者との絆を深める秘訣をご紹介します。

定期的なヒアリングを実施

日本人の従業員に対して定期的な面談を行っている企業は多いと思いますが、同様に、

外国人労働者にも定期的にヒアリングする機会を設けるようにしましょう。ヒアリングは主に経営者または人事担当者、通訳者が行うのが一般的です。

面談のような堅苦しい形式でなくても構いません。自社に満足して働けているのか、またはどういった部分に不満を感じているのかをリサーチできるよう、フランクに話せる場を設けてもいいかもしれません。その際に、長期休暇を希望する期間や時期、帰国予定の有無なども確認しておくと、作業スケジュールを立てやすくなるでしょう。

業務の一環としてただ話を聞くだけでは意味がありません。「**あなたのことを知りたい**」という気持ちを持って臨むことが何よりも大切ですし、ヒアリング後は状況改善のための対応をしっかりと行っていかなければ、外国人就労者からの信頼も得られず、人材の定着にもつながりません。

社内コミュニケーションの活性化を促す

仕事中はあまり接点がなかったという日本人就労者と外国人就労者が、懇親会や忘年会、社員旅行といったイベントを通して仲よくなったという事例もあります。このように、**社内コミュニケーションが活性化すれば、従業員同士の心の距離を縮めるきっかけ**になります。企業で働く外国人の中には、外食や観光をしたことがないという人は多いので、喜んでもらえることも多いでしょう。

交流を重ねる中で、外国人就労者の思いや会社に対する不満などをヒアリングできる機会もあるでしょう。従業員同士ではなかなか企画しづらいため、経営者が率先して社内コミュニケーションが取れる場を設けてみてはいかがでしょうか。食事を伴う場合は、外国人就労者が食べられるものを事前にリスト化しておき、それに応じたお店を選びましょう。

「聞く姿勢」を忘れずに

日本人と外国人では、話の運び方やワードのチョイスも異なります。筆者が知る事例では、「仕事を辞めたい」という外国人就労者にその理由を聞くと、「コンビニが職場から遠いから」と答えたといいます。さらに突っ込んで話を聞けば、「仕事が終わったら近隣のコンビニが閉まっているので、遠い場所にあるコンビニに行かなければならない」ということを言いたかったとのことで、結果的には「シフトの組み方に不満がある」というのが根本的な原因だということが分かりました。

たとえとんちんかんな発言があったとしても、すぐに切り捨てるのではなく、相手の母国における習慣や話し方を考えてみて、どのようなことを言いたがっているのかを想像してみましょう。もしヒアリングを重ねても分からないようであれば、送り出し機関や監理団体、人材紹介会社などに相談してみてはいかがでしょうか。

外国人雇用のココがPOINT⑤

外国人と日本人との愛のある話

「技能実習生は差別待遇を受けていて悲惨である」といった話が流布していますが、実態はそのような実習生がいる一方で、日本国が定めた制度の中で幸せに生きている技能実習生もたくさんいます。

技能実習生に成人式への参加をうながし、自分の娘が着た振袖をその実習生に着せて、満面の笑みを浮かべる九州の中小企業社長ご夫婦と技能実習生。筆者が見た光景には、日本の企業の社長夫婦が技能実習生に愛を与え、その愛を技能実習生が受けとめている姿がありました。

また、筆者が知っている別の技能実習生の中には、受け入れ企業の経営者から非常に可愛がってもらっている人がいます。休日に一緒にショッピングをし、海へ遊びに行き、寮のリビングルームにミラーボールのついたカラオケルームを作ってもらい、充実した生活を送っている人たちもいるのです。

受け入れ企業の経営者と技能実習生とでは、同じ人間として愛を与え合う関係を結んでいるケースもあるのです。技能実習制度の弱点は、「経営者によって、実習生の環境が善にも悪にもなってしまう制度であること」です。

確かに、最低賃金水準で働く技能実習生は少なくありません。しかし、技能実習生にとって最もいやなことは、「手取りの収入が減ること」、つまり「短時間労働」なのです。せっかく出国のための手数料を払ってまで日本に来ているのだから、どんな方法でもいいから1円でも多く稼ぎたい、というのが技能実習生の本音です。

それを人権団体が「長時間労働は悪だ！」と叫んだとしても、もちろん健康を害するほどの長時間労働の連続は論外ですが、自分の家庭の貧困状態を解消したい開発途上国出身の若者からすれば、長時間労働は悪という単純な理屈では、彼らの本当の希望を叶えることにはならないのです。

「長時間労働が……」と文句を言う技能実習生は、たいていは「長時間労働で無賃残業があった」というケースや、そもそも実習生にその業務へのやる気がないなど、長時間労働そのものがクレームの要因ではない場合もあります。もちろん無賃残業は悪いことです。

いつまでも労働を「研修」や「技能実習」と呼ぶのは限界があります。しかし、技能実習生の問題の本質は「日本人がやりたくないことをやってくれている、文化的背景がまったく異なる国から来た人々に、どう幸せになってもらうか」なのです。多くの職場で、日本人でもその仕事が好きな人と嫌いな人、その職場にいて幸せな人や不満足な人がいるように、技能実習生の現場でも、幸せになっている実習生もいますし、そうは思っていない実習生もいます。

日本人がやらない仕事をしてくれている人たちだからこそ、丁重にお迎えして感謝を伝えたいと、筆者は常々思っています。常日ごろから、寮での人間関係のトラブルや労働問題で、会社の人事担当者や、技能実習生にあれこれやかましく言うのも、外国人が日本で円滑に定住してもらうための、筆者なりの「愛」です。一人でも多くの人が、日本で幸せに生きてほしい。心の底からそう思い、毎日仕事をしています。

第７章

ノウハウを基に考える、外国人雇用の失敗例とプロによる解決策

さて、ここまで本書を読んでくださったからには、「外国人雇用で失敗したくない」、経験者は「今度こそ外国人材を定着させたい」とお考えのことでしょう。筆者も、一つでも多くの企業に外国人雇用を成功させてほしいと思っています。

そこで、外国人雇用でよくある失敗事例を見ていただき、ここまでお伝えしてきた外国人雇用におけるノウハウをもとに、問題点や解決策を一緒に考えていきましょう。

事例1：外国人技能実習機構の監査が入り、外国人の受け入れが5年間停止に

残業時間の報告と実態の相違により、残業代の未払いが慢性的に発生していた企業。これについて技能実習生が外国人技能実習機構などに訴えを起こし、企業側はペナルティとして5年間の外国人の受け入れ停止を科せられた。なぜこのようなことになってしまったのでしょう。

【状況】残業代の未払いから訴えが起きている

日常的に残業時間が発生している企業において、適正な残業代が支払われていなかったケースです。このように、実態どおりに賃金が支払われていないことについて、外国人労働者が入管や母国の大使館などに訴えるケースは少なくありません。

【問題点】残業代が発生しているのに支払われていないこと

そもそも、支払うべき残業代を払っていないことが問題です。

企業は所定労働時間を超えた労働に対して残業代を、さらに法定労働時間の8時間を超えた場合は相当の割増賃金を支払わなくてはなりません。これは日本人の従業員に対しても同じことですが、もし日本人には適正に残業代が支給されているのにもかかわらず、外国人だからとの理由で未払いであれば、由々しき問題です。

前述したとおり、外国人労働者の多くは、残業自体を拒絶せずに喜んで働く傾向があります。このケースでは、働いた分の賃金が正しく支給されていれば訴えられることはなかったでしょう。

日本では前述した36協定という労使協定により、企業は従業員に残業させることができます。それに加えて割増賃金などについても定められており、労使関係は協定を基に成り立っていますが、昨今は企業が強制的に残業をさせていた従業員が過労死する事件が起きているため、長時間労働が問題視されています。そこに働き方改革の推進も相まって、残業時間についても労働基準監督署が取り締まっているのが現状です。

そうした中で、日本企業の現場には「サービス残業」と呼ばれる、報告されない残業がいまだに存在します。このケースでは、残業が発生するのは労働者側の技量の問題があるという認識が、日本人経営者側にあったのかもしれません。そんな「暗黙の了解」のもとで、残業代が正しく支給されていなかったのではないでしょうか。外国人労働者は、あくまでも「働いた分の給与はもらうのが当然」という考え方です。この失敗事例には、こうしたサービス残業国の暗黙の文化も少なからず影響しているかもしれません。

【解決策】勤怠管理で無駄な残業を減らし、残業代が発生した場合は必ず支払うこと

日本人従業員の間で残業代の扱い方に暗黙のルールがあったとしても、多くの外国人就労者には理解ができません。「自分の技量が足りないために時間外労働をしたのだから残業代は払われなくて当たり前」「請求しないことが美徳」という考え方は、外国人にはないのです。もし、こうした実態が企業にあるのであれば、外国人就労者の雇用の有無にかかわらず、経営者はこの問題を解決しなければなりません。

それと同時に、外国人を雇用する企業は、外国人就労者特有の事情があることを理解しておく必要があります。特に技能実習生にいえることですが、彼らは多額の借金をして日本に来ているようなものです。日本に来るときにはお金がなく、日本で稼いだ賃金を送り出し機関への成功報酬に充てている技能実習生もいます。そのため、彼ら、彼女らは無償で働くことなどは到底できないのです。そのことを雇用する側が理解していれば、働かせ方への意識が変わるのではないでしょうか。

また、残業の実態と報告に相違がないようにするためには、職場のルールを見直し、勤怠管理をしっかり行うことも重要です。これは経営者が現場の実態を把握し、業務を見直して無駄な残業をさせないためにも役立ちます。

事例2：技能実習生が「集団逃亡」

技能実習生を複数人雇用した地方の会社のケースです。手取り8万円ほどの最低賃金の月収で契約しましたが、技能実習生が日本に来てみると、東京には時給1200円以上の仕事があることを知り、集団で逃亡しました。

【状況】いまの働き先よりも稼ぎのいい場所があることを知って逃走した

第2章でもお伝えした、地方の最低賃金と東京とでは格差があることを入国後に知った技能実習生が、よりよい条件を求めて逃げてしまうというケースです。これは、集団に限らず、小さな店舗などで働く個人の場合でも起きています。

技能実習生は技能実習期間の途中で辞めてしまうと、その後、ビザの切り替えが難しくなって日本に滞在できなくなったり、または別のビザに切り替えたとしても、日本ではアルバイトが週に28時間しかできないなどの制限がつくことがあります。

しかしながら、ビザのルールを知らない外国人は、地方の技能実習生でいるよりも、労働時間の制限があっても東京でアルバイトをしたほうが稼ぐことができると考え、逃亡するのです。また、ルールとして労働時間が制限されていても、それ以上の時間働くことができる法の抜け道があるという実態もあります。

【問題点】企業が支払う賃金が少ない

まず、企業が支払う賃金が絶対的に少ない点が問題です。ここに職場環境や人間関係の不満が重なれば、逃亡の引き金になりかねません。

ただし、このケースには制度そのものの問題も大いに影響しているでしょう。いまの技能実習制度では、特別な理由がなければ途中で辞めることが認められていません。特別な理由とは、近年の事情でいえば、コロナ禍の影響による雇い主の倒産などです。

また、決められた労働期間中に技能実習生が逃げ出しても、日本での生活を続ける方法があるという点も制度の曖昧さだと思います。この制度が適正に機能しきれていない日本の実態は、今後の外国人雇用にも大きな影響を及ぼす問題といえるでしょう。今後、技能実習制度の廃止、新制度創設により、少しずつ賃金上昇や転職のあり方が変わってきますので、技能実習生の逃亡問題は徐々に良くなってくるかもしれません。とはいえ、企業の力だけではどうすることもできないのが現状です。

【解決策】賃金と職場環境を見直し、外国人が働き続けるための理由をつくる

技能実習生の賃金基準は各都道府県が取り決めた最低賃金であるため、企業が変えられるものではありません。ただし、賃金を上げることは企業の努力次第で可能です。

これは正社員にも当てはまることで、たとえば額面17万円からスタートするという企業では社会保険料や税金を差し引くと手取りが約13万円になります。最初はこの条件に納得して就労したとしても、「コンビニでアルバイトをすれば25万円の収入を得られる」と知れば、そちらに魅かれる外国人がいるのは当たり前のことです。

一方で、転職して新しい仕事を覚える苦労を考えたり、正規のビザを持っているほうが後の永住申請がしやすいなどといった中長期的な視点を持って長く働く外国人はいます。

これまでも申し上げているとおり、途上国から来る外国人労働者が求めているのは、収入にほかなりません。しかし、職場の居心地の良さも重要な定着の要因になります。外国人を迎え入れる環境の整った会社で収入が安定すれば、外国人就労者は働き続けてくれます。雇う側が、外国人にとって長く働き続けるに足りる価値を提供できる企業になることが重要なのではないでしょうか。

事例3：アルバイトの外国人留学生が賃金の未払いを訴えた

アルバイトの研修期間中、外国人留学生が最低賃金を下回る時給で働かされた事例。退職後に留学生は賃金が支払われないとして、労働基準監督署に訴えを起こした。雇用していた店側は、結果として未払い分の賃金の支払いを了承した。

【状況】日本語が理解できないという理由で賃金が支払われていない

神奈川県の飲食店の事例です。相談者は入国したての外国人留学生で、まだあまり日本語が分からない状況でした。

店側の主張は「研修に手間がかかる。さらに研修中は利益を生まないので時給を低くした」「無断退職者に賃金は払わない」というものでしたが、外国人留学生側は日本語がまだ分からないのに理不尽な扱いを受けた上に賃金が未払いであったと主張し、対立する状況でした。

結果的に店側は賃金の支払いを約束しましたが、さまざまな側面の問題が絡み合った事例です。

【問題点】仕事と人材とのマッチングがうまくいっていない

このケースで一番の問題は、ある程度の日本語能力がないとできない仕事を、入国したての外国人に紹介した人材紹介業者の雑な仕事ぶりです。つまり、仕事と人材とのマッチングを疎かにしたことです。

アルバイトであっても仕事に就く際、日本語能力の低い人材が自力で仕事を探すことは困難なので、ほとんどの場合、仕事を斡旋する業者や人が仲介します。ある程度の日本語能力が求められる仕事であれば、最初からそれ相応の人材を採用するべきでしたが、実際に採用したのはまだ日本語を学びたての外国人留学生です。このケースでは、仕事を斡旋する側にも落ち度があったといえます。

外国人を雇用する場合、言語の問題は避けられません。外国人たちは日本語で厳しく言われても、日本人と同じようには内容を理解できません。この留学生も、自分の言い分を思うように伝えることはできなかったはずです。そこで無断退職が生じます。

無断退職はよくありません。だからといって、研修期間中に最低賃金より低い時給で働かせたという点は違法で、店側の落ち度になります。さらに、労働者が無断で辞めたからといって、賃金を支払わなくてよいということにはなりません。

【解決策】外国人の適性を見極めること&相手の立場を理解して接すること

まず、雇用する側は、研修中であっても最低賃金以上の賃金を支払わなければなりません。それを労働者本人が知らなかったとしても、同じことです。

また、日本人である雇い主や現場の担当者は、外国人の立場を理解して接しなければなりません。職場全体にもいえることですが、言語の壁があるからこそ、時間をかけて外国人の就労者を受け入れようとする姿勢が求められます。「自分が他国で外国人として働くと想像したとき、どう感じるか?」を常に意識しておく必要はあるでしょう。

さらに、人材不足だからといって「誰でもいい」という考え方では、外国人雇用はうまくいきません。少なくともこのケースでは、これから日本語を勉強しようとしている外国人留学生が適性のない職場に雇用されてしまった点が問題といえます。

このような失敗を避けるためには、雇用を斡旋する機関も、働く外国人の適材適所をもっと意識しなければなりません。また雇用する店側も、「日本語がある程度分かる人」などというように要望を明確にする必要があったと思われます。

事例４：技能実習生の人選を監理団体任せにし、入国後に逃亡

受け入れ企業の人事担当者が人選を全面的に監理団体に委ね、直接面接をせずに技能実習生を雇用したケース。技能実習生は入国後に逃亡し、受け入れ企業と監理団体間のトラブルに発展した。

【状況】技能実習生が職場環境に適応できずに逃亡し、受け入れ企業と監理団体が互いに責任を押し付け合っている

面接を行うための時間がないなどの事情があったにせよ、人選を監理団体任せにして失敗したケースです。

受け入れ企業が、どのような人材か分からないまま入社させた結果、技能実習生が職場環境に適応できず、逃亡するに至りました。受け入れ企業に送り出し機関とのパイプはなく、逃亡は技能実習生の能力不足によるもので、責任は監理団体にあると主張した事例です。

【問題点】受け入れ企業が人任せで技能実習生を決定したこと

受け入れ企業が、外国人雇用において肝心な人選のステップを第三者任せにしたことが最大の問題です。その結果、自社の仕事や環境に適した人材を採用できなかった責任は紛れもなく受け入れ企業側にあります。このようなケースは、自社の仕事が「誰にでもできる仕事だから、誰が来ても構わない」と考えている経営者の下で起きることが多いです。

しかし、人材は国籍に関係なく、本当に人それぞれです。あなたの会社の仕事は、ほかの方にとっては思っている以上に難しいものかもしれません。

【解決策】きちんと面接を行い、企業に合った人材であるかを見極めること

言うまでもありませんが、人事担当者はしっかりと面接を行うべきです。そして仕事環境や内容をていねいに説明するなど、自社で雇い入れるという意識を強く持つ必要がありました。そうすれば自社に適した人材を得ることができ、早い時期に逃げられてしまうようなことにはならなかったはずです。

また、何らかの問題が起きたときのために、受け入れ企業は外国人材の母国にある送り出し機関とのつながりを持っておくべきです。

外国人雇用のココがPOINT⑥

あなたの会社は来日したての外国人にとって「初めての日本」

逃亡、給与のクレームなど、外国人雇用は大変そうだなと思う方がいるかもしれません。しかしそれ以上に、経営の強化と若手外国人による組織内の活性化は、会社に大きな利益をもたらすと筆者は考えます。

そして、長く一緒に働くようになると、外国人、日本人という意識がなくなり、同じ人間としてコミュニケーションを取るようになるのは、どの企業を見ていても同じです。

どんな会社でも、来日したばかりの外国人にとっては初めて日本を体験する場です。すなわち、あなたの会社はその方々にとっての「日本代表」になるのです。だからこそ、問題が起きないようポイントを押さえて対応しつつ、外国人スタッフと共に惜しみなく、そして楽しみながら仕事をする環境を整えるべきだと思うのです。

たとえば、外国人が職場から逃げる問題ですが、日本に入国させるために受け入れ企業や関係機関が、いかに骨を折ってビザを申請したかという労力と、それに要したコストを知らない外国人が多いという側面もあります。来日して数カ月で逃亡されたら、一人の外国人人材を入国させるための労力や費用に対して、失うものが多すぎます。日本企業は逃亡防止のためにさまざまな手段を講じていますが、入国までの手続きがいかに大変か、来日したばかりの外国人に理解していただくよう、きちんと伝える必要があります。

第８章

大いに悩み、大いに笑う！「人間愛」で外国人雇用を成功させよう

最後に、初めて、あるいは再び外国人雇用を始める方に伝えたいことがあります。それは、外国人雇用で最も大切なのは「人間愛」であるということです。人間愛があれば、外国人就労者との良好な関係を築くことができるチャンスがぐっと増えるのです。

1 経営者に備わる「人間愛」が外国人雇用を成功に導く

最低賃金の給与のみが支払われ、いつまで経っても昇給しない。稼ぎたいから残業をしているのに残業代が支払われない。ビザの更新が近付いているのにもかかわらず、更新手続きを進めてくれない——。

こうした待遇を受けている外国人労働者のことを自分に置き換えて想像してみると、不安な気持ちが分かるはずです。

お金もビザも、外国人にとってはこれからの生活がかかっている大切なものです。相手の立場になって考えてみること、そして「不安を抱えずに働くことができているだろうか」と気遣うことが大切になってきます。

初めての外国人雇用ならば、外国人の気持ちを知ろうと努めてほしいのです。もちろん外国人を雇用するうえで、想定外のトラブルが発生することもあります。ですが、それも含めて、完璧ではなくともある程度マネジメントをしつつ、社内の人間愛を育む、これこそが本当の「人事の仕事」といえるのではないでしょうか。

経営者自らが体現すれば従業員はついてくる

これまで本書で伝えてきたことを一つでも多く実践していただきたいところですが、いきなり従業員にすべてを任せるというのは得策ではありません。

まずは経営者自らが率先して取り組み、その大切さを体現することが最初のステップです。それによって従業員たちにも理解が広がり、会社全体で外国人労働者を迎え入れるための取り組みが進んでいくはずです。やがて、必要な作業を分担するようになり、従業員同士が助け合いながら共に働くという循環ができていくでしょう。

会社全体で取り組んでいくべきことや会社にとって重要な工程は、やはり経営者が担い、その姿勢を従業員に見せることが大切だと思います。

経営者から広がるコミュニケーションの輪

外国人就労者には、経営者自らが積極的に声をかけるようにしましょう。軽い挨拶のほか、仕事の状況や職場環境の過ごしやすさなどについて聞いてみるのもいいでしょう。

対面でのコミュニケーションのほかにも、SNSやLINEを通したコミュニケーションも有効です。コメントができる環境で投稿をしたり、話しかけたりすることで、会社内ではできないようなフランクなコミュニケーションが取れるようになることがあります。

また、自社がどのような活動をしているのかをSNSの投稿を通して知ることができれば、外国人の会社への信頼度も増します。

筆者自身も、もともとは社外の人に向けて、SNSに自社の業務内容を写真付きで投稿していましたが、次第に社内の人間がSNSの投稿を見るようになり、気軽にコメントを残してくれるようになりました。いまでは、社内の情報共有の場としても活用しています。

現代ならではの、経営者と従業員の新しいコミュニケーションの取り方を利用しない手はないでしょう。

2 固定観念に縛られない、新しい従業員との付き合い方を考える

外国人雇用が難しいと感じるのは、これまで日本人に対して行ってきたのと同じように接したり、指導しようとするからです。外国人就労者と共に働くには、固定観念に縛られない、新しい従業員との付き合い方を考えていきましょう。

早期退職しても驚かない！ 企業経営は何十年も続きます

たとえ外国人雇用に失敗したとしても、落ち込まないでください。正社員や特定技能人材には最低勤務期間のような制約がないため、早期退職してしまうことは大いにあり得ます。

また、技能実習生は最低3年間の実習を続けなければならないという条件がありますが、実習期間が終われば区切りをつけ、別の職場に転職するという人も珍しくありません。

企業の経営は何年も続くわけですから、一度失敗したからといって諦めるのではなく、むしろ「次は成功させるぞ」という意気込むくらいがいいのです。ただし、早期退職の理

由が企業の待遇や給与に関する問題である場合も考えられますので、自社に非がなかったかどうかを一度振り返りましょう。

もし、ほかの会社のほうが高待遇で魅力があるのであれば、給与形態や職場環境の改善に努めたうえで、再度外国人雇用を検討してみてください。

技能実習生の紹介から新しい人材が舞い込んでくることも

とある事例で、技能実習生Aさんが3年を一区切りとして受け入れ企業を離れましたが、Aさんはその受け入れ企業を高く評価しており、母国でほかの技能実習生や仕事を探している知人に同社を紹介し、母国からの就労希望者たちが同社に入社したことがありました。

このように、会社の評判が良ければ、外国人同士の紹介によって次の人材雇用につながっていく可能性が十分にあります。会社で働く外国人に不適切な対応を取るということは、こういったつながりを損失することにもなるので注意しましょう。

チームは必ずしもまとまらなくていい

業務を遂行するうえで、「チームはまとまらなければいけない」と決めつけてはいませんか？　もちろん、チーム一丸となって業務に取り組むほうがスムーズに進む場合もあります。しかし、業務内容や従業員たちの人間性や性格によっては、チームがまとまらなくても業務がうまく回ることがあります。

日本人と外国人では働き方のスタイルが異なるため、無理に「右向け右！」と強いるよりも、「終わりよければすべてよし」くらいの気持ちでチームを見守り、従業員同士が快適に業務に取り組めるような環境づくりのほうを重視しましょう。

弊社の事例では、あるプロジェクトで働く3人のミャンマー人が同じチームに属していたのですが、それぞれがおのおののやり方で仕事をしていました。当人たちの間ではチームとしての意識がなく、「上司の指示に従っている者同士」という感覚です。従業員同士の人間関係を重視して仕事をしていると業務が滞る可能性もあるため、同じチームにいながらチームとしてまとまらず、いまに至っています。

ただし、ストレスや負担を感じずに仕事に取り組むことができるからか、かれこれもう3年以上一緒に彼らは働き続けています。彼らの共通点は、濃淡はあれど会社の指示に従い続けるという忠誠心だけです。

このように、従業員たちのパフォーマンスが発揮されるのであれば、必ずしもチームとしてのまとまりが必要というわけではないのです。

無断欠勤は、怒るのではなく優しく許す

無断欠勤を厳禁と思っている日本人とは裏腹に、外国人たちは平気で無断欠勤をすることがあります。その場合、いきなり怒るのではなく、まずは無断欠勤をした理由を問いましょう。寝坊が原因であれば寝坊しないための対策を伝えます。もし、ほかの従業員とのトラブルが原因で無断欠勤をした場合には、状況に応じて対応しなければなりません。

会社の決まりを徹底することはもちろん大切ですが、新しい常識や価値観に触れたばかりの外国人にとっては、理解できないことが多いものです。休むときにはその旨を必ず連絡するという習慣に慣れてもらうように意識を変えていきましょう。ただし、無断欠勤を繰り返すようであれば、先々のことも考えて厳しく指導していく必要があるでしょう。

言葉よりも待遇で示す

あえて歯に衣着せぬ言葉でお伝えしますが、外国人就労者の頑張りを認めてあげるなら、言葉で褒めるよりも給与にその気持ちを反映させてください。

お金を稼ぐことが目的の彼らにとっては、誉め言葉よりも昇給こそ一番のモチベーションになります。相手の生活を考え、昇給の機会を与えるというのも、一つの愛情の形といえるでしょう。

経営者の相談相手を見つける

外国人雇用は手続きが多く、言語や文化が違う外国人のことを考えて行動していかなければならないため、よほど慣れている人でない限り、スムーズにいかないものです。誰にも頼れず、一人で悩んでいるという経営者は実は驚くほど多いのです。

外国人雇用は経営に関わることですから、悩みは社内である程度シェアし、会社全体で解決するように進めていくことが望ましいです。経営者がどういう理由で人事形態を変えたいと思い、なぜ外国人を雇用しているのかを、そのまま従業員に伝えてみましょう。

分からないことを人に聞くのは恥ずべきことではありません。より具体的な回答が欲しいのであれば、成功者や専門的な機関に相談するというのも一つの手です。親身になってくれる監理団体や外国人技能実習機構、人材紹介会社、外国人労働者をサポートするNPO法人など、さまざまな相談窓口があるので、積極的に利用すべきです。われわれ日本ミャンマー支援機構（ＪＭＳＡ）では、外国人材の雇用に関する総合的なご相談を受け付けています。外国人労働者が有する能力だけではなく、多民族国家における人間性や文化的な背景を踏まえて、会社の特性と相性のいい人材を紹介いたします。また、新制度を踏まえての人材確保を考えたい方も、ご相談いただけます

日本全土から見れば地方にある一企業だとしても、そこへやってくる外国人労働者にとっては、自分の人生を変えてくれるかもしれない唯一の会社です。コラムでお伝えしたとおり、都心の企業であれ、地方の企業であれ、外国人にとってはそのどれもが日本代表です。

人が関わることですから、取り組み方にも選び方にも絶対的な正解はありません。だからこそ、従業員と共に悩み、実践しながら進むしかないのです。「人間愛」があれば外国人雇用はいつか必ずうまくいきます。さあ、自分とスタッフを信じてトライしてみましょう。

外国人雇用のココがPOINT⑦

職場を紹介した外国人は、みな自分の子どものよう

100人を超えたあたりからおぼろげになってきましたが、筆者は就職先を探した外国人の方々の履歴書の内容はほぼ頭の中に入っています。外国人の職業紹介は、職業紹介の会社にもよるでしょうが、ビジネスライクな「業者と人材」といった間柄より、近所のおばさんと若者といった関係性で、距離が近い気がします。

外国人材を、外国人(当社社長で筆者の夫)が紹介しているため、彼らの立場を理解しながらさまざまな支援を行っています。特に、求職者との信頼関係が大切だと考えています。ミャンマー語では年上の方を、「お兄さん、お姉さん」もしくは「おじさん、おばさん」と呼ぶので、より距離が近く感じるのかもしれません。

最近は、夫も求職者の皆さんから「お兄さん」より「おじさん」と呼ばれることが増えました。筆者も、40代ながら「おばさん!」とセットで呼ばれています。

仕事を紹介した外国人が就職した会社から、「▲▲さんの業務成績がちょっと……」などと連絡が入ることもあります。そうした場合は、本人に「元気？ 仕事はどう？」といった感じで軽くショートメッセージを送ります。

職業紹介屋ながら「人事の一部」を担わせてもらっているので、それもまた楽しいやり取りとなっています。ときには労働相談もあり、小さな問題はコミュニケーションを取りながら解決するのが最善策と思うこともしばしばです。

求職者の多くは20代～30代の若者です、親に捨てられたという事情がある外国人の若者に仕事を紹介したときは、「実の親に代わって親業をやった……」という気になったりもします。

一緒に仕事をする監理団体の方も、技能実習生を「あの子」と、自分の子どものように呼ぶことがあります。そばにいて面倒を見ていると、だんだんそのような気持ちになってくるのかもしれません。世間では、技能実習生や外国人への不当な扱いのニュースが蔓延していますが、そうではないヒューマンドラマも日本全国で日々数多く生まれているのです。

制度を変える力は私たちのような小さな会社にはないかもしれませんが、外国人を幸せにする環境を整えることは、私たちにもできると思っています。

来日後に、生活必需品の買い出しなどでお金に困る外国人は多くいます。必ず空港まで外国人従業員を迎えに行くある製造業の会社の役員は、自社の日本人社員に内緒で、入社したばかりの外国人社員に、空港からアパートに向かう車の中でこっそり12万円を貸し付けています。こういう優しさが、日本人にはあるのです。

どんなに外国人従業員をケアしても、就職後に、こんな労働環境はいやだと言う人もいます。ですが人間は、いまより成長したい、発展している場所に行きたいと望むものです。よりよい環境を目指すという向上心は悪いものではありません。

外国人がよりよい職場環境を目指して転職をするように、日本企業もよりよい企業づくりを目指していかなければなりません。また、筆者たち「職業紹介屋」もよりよい労働環境に外国人を紹介できるよう、常に企業と人材と共に歩き、共に同じ景色を見て、同じ目線でこの社会を盛り上げたいと思う次第です。

おわりに

なぜ日本は外国人労働者を受け入れているのでしょうか？

世間でよくいわれているのは労働者不足、少子高齢化がその理由であるとの指摘です。

しかし、それは表面的な理由に過ぎないのではないか、と個人的には感じています。

諸外国の様子を見ると、「移民を受け入れて人口増加が続く国は経済的に発展し、その国の経済力は保たれ、そこに住む人々にとって豊かな社会が維持される」という結論にたどり着くのではないでしょうか。

もし、ある国の現在の生活水準がある程度豊かなのであれば、その豊かさを維持するために、年金や健康保険料などの社会保障費を払ってくれる現役の労働者世代の人口が一定数必要になります。

日本にとって、そして日本で生まれた人々にとって外国人労働者とは、日本経済の維持のため、医療費を自己負担30％で済ませるため、地域の医療資源を減らさないため、年金制度を維持するため、つまりは、自分たちの生活が貧しくならないようにするために、労働力として来てもらっている存在であるというのが実態ではないでしょうか。

そうであれば、外国人労働者（移民）の存在と彼ら、彼女らとの関わりは、すべての人にとって他人事ではありません。だからこそ、外国人と日本人相互の利益が結びつく場所を探り続けなければならないのです。

もちろん、人口増加においては移民の受け入れだけでなく、出産にかかる費用の支援や子育て支援という、いわば人口増加のための本家本元の対策が必要であると筆者は思っています。しかし、男性と女性の結婚制度の枠内でしか出産することが難しかったり、養子縁組を行うのが難しかったり、出産費用や生活費・教育費がサラリーマンの収入に占める割合が高く、かつ税比率も非常に高いのがいまの日本の姿です。政府が言う「異次元の少子化対策」を行ったとしても、ほんのわずかしか子どもは増えないでしょう。

筆者は3人の子どもを産みましたが、保育園の保育士が足りない状況を目の当たりにしています。保育士が足りないところにずっと子どもを預け続けるわけにはいかないため、保育園をウォッチしながら、仕事をセーブしつつ子育てをしています。セーブしている間は給与は減りますし、何より3歳未満の子どもの保育料は、標準的な収入で暮らしている家庭には重い金額です（神奈川県においては）。高額な負担なので、保育園に預けることを諦め、しばらく休職する母親が結構います。結果として、仕事を辞めざるを得ないのなら、産んでも支援が少ないのなら、２人目、３人目の子どもを産む状況にはなりません。

本来ならば、少子高齢化対策として、「出産費用無償化」「未婚でも子どもを産み育てられる環境」「大学学費無償化」「ＬＧＢＴＱの人々が子どもを育てやすい環境」などの大胆な改革が必要です。それがほとんど行われない「異次元の少子化対策」にはあまり期待できず、ましてや、いまから子どもを増やしても、働く世代に成長するまでに15年から20年はかかりますから、その間は外国人労働者の力を借りる以外に、日本社会の人口減少を食い止める方策が見当たらない、と感じてしまうのです。

ただし、外国人労働者の支援は手間がかかります。そして、これは正面から少子化対策に取り組んでこなかった日本政府の失策を、読者の方々はじめ民間の方々が、外国人労働者の受け入れという現場でカバーしていることでもあるのです。

「日本は、どのように移民を受け入れるのか」という議論は、実は数十年前から始めておく必要があったのでしょう。しかし、日本ではこの議論の先送りを重ねた結果、少子化対策がうやむやなまま、移民を受け入れないと主張しながら、気が付けば３００万人以上の外国人に活躍してもらっている社会が出来上がっています。

無計画な移民受け入れがいいとは思いません。ただし、３Ｋ労働の現場で労働力不足だからといった単純な理由で、他国の人々の気質や文化、人口構成などを考慮せずに移民を受け入れると、ホスト（受け入れる国で生まれた人々）とニューカマーとの間に、齟齬や摩擦が生じます。

日本は移民受け入れの明確な議論を避けながら、試験的に、さまざまな国籍の方々の流入を通じて試行錯誤を繰り返しつつ、計画的に移民を受け入れてきた国です。日本政府に計画はあるのですが、それを国民との間で共有しないために、さまざまな移民とホストである日本の人々との間で問題が生じてきました。日本政府の計画が人権侵害と指摘されることもありました。外国人労働者を受け入れる体制の準備不足は、行政、社会ともに数多くあります。

２０１２年に難民と共に起業したとき、筆者たちはただの変人としか思われていませんでした。「東南アジアの人間が、日本で何のサービスを提供できるのか？」と。

ところが、実際に業務をスタートし、日本企業の方々がやってきて、筆者たちにいろいろな要望を出してくださり、それとともに日本とミャンマーをつなぐサービス内容が増えていきました。気が付けば、日本人と外国人で運営する企業として現在に至っています。

外国人一人ひとりのどういう人生を築きたいかという願いを聞きながら、日本企業の問題解決に役立てばと思い、人材採用支援に関しては、細かくニーズに応じてきました。

入国したばかりの外国人に、銀行のＡＴＭの操作方法を銀行まで同行して教える、企業で働くのに健康保険証を作ってもらえない外国人が、保険証を作ってくれる企業に転職できるように支援する――。こうした取り組みは、数年前は珍しいことだったのですが、いまでは当たり前に行う組織や人々が増えてきました。

十数年前の難民社会・外国人社会にとってのみ「当たり前」だったことは、今後、日本社会での一つの価値観になってくると思います。つまり、女性や子ども、労働者、外国人、障がい者など、汲み取られにくいとされてきた「彼ら、彼女らの意見」が、社会の仕組みや価値に反映されやすくなる社会に変わっていくでしょう。

相手の立場を理解した柔軟な企業風土を築くことができれば、日本には、外国人を受け入れることで豊かになっていくチャンスがたくさんあります。

本書は、筆者が出会ったすべての外国人の方々、日本の中小企業の方々、外国人支援に携わっている方々の知見と経験を基に執筆しました。出会ったすべての方々に、最大の感謝を申し上げます。

そして、本書を刊行することができたのは、金融機関をはじめとするさまざまなご支援があってこそです。地元のかながわ信用金庫の辻村克巳様が「この業態で、ここまでよく頑張りましたね」と言ってくださったことは、それがたとえ営業トークだったとしても（そのときが金融機関にとって融資しやすいタイミングだったとしても）、きっと一生忘れないと思います。最初に当社に融資を決定してくださったとき、筆者と夫は、ポンコツ自転車のような零細企業だけれど、何とかなるかもしれないと希望を持ちました。

最後に、「多国籍の方々に関する本を書きましょう」と提案してくださり、何度も原稿をチェックしてくださった合同フォレストの松本威様に感謝を申し上げます。

いつの日か、読者の皆様にもお会いできることを楽しみにしております。

令和5年9月

深山沙衣子

◆プロフィール

深山沙衣子（みやま・さえこ）

1979年、東京都生まれ。神奈川県で育つ。立教大学文学部心理学科卒業。マレーシアの専門商社や広告代理店勤務の後、出版社で雑誌記者の職に就く。その後フリーライターになる。2012年、日本ミャンマー支援機構株式会社をミャンマー人の夫と共に創設。アドバイザーに就任。同社でミャンマー進出コンサルティングや人材紹介業を行う。外国人の人材約150人に対し、日本で円滑に働けるよう職業紹介や留学支援を実施した。2017年、特定非営利活動法人リンクトゥミャンマーを設立し、理事長に就任。ミャンマー人の日本での生活支援、文化交流、国際協力を行い、日本で日本人と外国人の円滑な共存を目指す活動を続けている。2023年4月、クーデターによる政情の不安定化や経済の減退に苦しむミャンマー人材を育成する飲食店「海鮮居酒屋 浜焼きかいちゃん」を千葉県千葉市若葉区に設立。現在、9人のミャンマー人に日本での仕事の仕方を指導しながら、彼ら、彼女らの経済的発展を応援する職業訓練を実施中。著書に「ミャンマーに学ぶ海外ビジネス40のルール」（合同フォレスト刊）。

日本ミャンマー支援機構株式会社
https://www.japan-myanmar.com/

特定非営利活動法人リンクトゥミャンマー
https://www.npoltm.org/

海鮮居酒屋　浜焼き　かいちゃん
https://www.khinechan.com/

編集協力　藤由達藏（株式会社 Gonmatus）
橋本弥司子、宮谷行美（writer team MAGENTA）
吉田孝之
組　　版　株式会社プロ・アート
装　　幀　ごぼうデザイン事務所
校　　正　北谷みゆき

中小企業が生き残るための外国人雇用戦略
～すぐに辞めない・逃げない人材づくり徹底ガイド

2024 年 2 月 14 日　第 1 刷発行

著　者　　深山　沙衣子
発行者　　松本　威
発　行　　合同フォレスト株式会社
郵便番号 184-0001
東京都小金井市関野町 1-6-10
電話 042（401）2939　FAX 042（401）2931
振替 00170-4-324578
ホームページ　https://www.godo-forest.co.jp
発　売　　合同出版株式会社
郵便番号 184-0001
東京都小金井市関野町 1-6-10
電話 042（401）2930　FAX 042（401）2931
印刷・製本　恒信印刷株式会社

ISBN 978-4-7726-6242-0　NDC 336　188×130